民族精神,似熊熊薪火,照亮青春奋进之路;
中华文明,如汩汩清泉,润泽青春梦想之花。

张居正

给孩子读的中国先贤故事

修远 著

远方出版社
·呼和浩特·

图书在版编目（CIP）数据

张居正 / 修远著. -- 呼和浩特：远方出版社，2024.9. --（给孩子读的中国先贤故事）. -- ISBN 978-7-5555-1996-6

Ⅰ．K827=48

中国国家版本馆CIP数据核字第20244T2Z71号

张居正
ZHANG JUZHENG

著　　者	修　远
责任编辑	蒙丽芳
封面设计	VIOLET
版式设计	曹　驰
出版发行	远方出版社
社　　址	呼和浩特市乌兰察布东路666号　邮编010010
电　　话	（0471）2236473总编室　2236460发行部
经　　销	新华书店
印　　刷	天津中印联印务有限公司
开　　本	880毫米×1230毫米　1/32
字　　数	100千
印　　张	5.75
版　　次	2024年9月第1版
印　　次	2025年1月第1次印刷
印　　数	1—5000册
标准书号	ISBN 978-7-5555-1996-6
定　　价	42.00元

如发现印装质量问题，请与出版社联系调换

出版说明

在这个瞬息万变的时代,我们享受着前所未有的便捷生活,却也不得不直面接踵而至的挑战与困难。世界仿佛一张错综复杂的大网,令人眼花缭乱。然而,无论时代如何变迁,每个人都无法回避一个根本问题:如何在有限的时空里,让生命绽放出有意义的光彩?对于青少年而言,正确认识这个问题并给出准确的答案显得尤为迫切,他们的人生刚刚起航,充满了无限可能,却也常常在迷茫与困惑中徘徊。

青少年时期,是塑造世界观、人生观和价值观的关键时期,每一次新的经历都如同为未来埋下的一粒种子,看似微不足道,却可能在岁月的滋养下成长为参天大树,也可能因土地贫瘠、养分不足而艰难成长。因此,为青少年提供怎样的精神养料绝非小事,它不仅关乎青少年的未来,更关乎国家和民族的命运,诚如梁启超先生所言:"少年智则国智……少年强则国强……"

当我们回溯五千多年的中华文明，不禁为其所蕴含的丰富宝藏而惊叹，那些闪耀着智慧光芒的中国先贤，宛如夜空中最璀璨的星辰，穿越时空的重重阻隔，为后人传递着无穷无尽的智慧与力量。

孔子，这位伟大的思想家、教育家，一生周游列国，四处奔走，试图推行自己的政治主张，却屡屡受挫。然而，他始终秉持"知其不可而为之"的坚定信念，从不退缩。晚年，他呕心沥血，整理诗书，为中华民族留下了一部部皇皇巨著，成为后人取之不尽、用之不竭的文化源泉。孔子的一生是执着追求理想的一生，他的坚韧与担当为后人树立了光辉的榜样。

霍去病，凭借卓越的军事才能和非凡的勇气，年仅十八岁便踏上抗击匈奴的征程，纵横沙场，连战连捷，立下赫赫战功。

李白，以浪漫飘逸的诗风，傲然屹立于中国文学的巅峰。他自信豪迈，"仰天大笑出门去，我辈岂是蓬蒿人"，尽显他对自身才华的高度自信；他不拘小节，"天子呼来不上船，自称臣是酒中仙"，表现出他对权贵的不屑与傲视。

尽管仕途坎坷，但他始终坚守自我，以清新畅快的诗句描绘出一个奇幻瑰丽的文学世界，让后人领略到他那自由奔放的思想魅力。

除了孔子、霍去病、李白，中华历史长河中还有无数震古烁今的先贤：抱朴守真的老子，以其深邃的哲学思想为后人揭示了宇宙与人生的奥义；乐观旷达的苏轼，无论身处何种困境，始终保持豁达的心态，留下了一篇篇脍炙人口的佳作；千古才女李清照，以细腻的情感、卓越的才华在男性主导的文学世界中独树一帜。此外，商鞅、张衡、张仲景、李时珍、张居正、徐霞客等先贤，在各自的领域都取得了非凡的成就，为中华文明的发展作出了很大贡献。

这些先贤的人生轨迹各不相同，但是他们在人生的道路上都经历过坎坷与坦途、机遇与挑战、得意与失意。他们的故事，就像一面镜子，映照出我们每一个人的生活。

当代学者戴锦华说过："经由电影荧幕，望向他者。"这种对"他者"的关注，最终会引导我们回归自身，思考人生的意义。先贤们各具特色的个性、品质、才华和志向，为青少年提供了一个个参照系，让他们从中寻找"历史中的我"，进而思考"当下的我"。通过学习先贤的经验，青少年能够更好地规划自己的人生道路,这就是榜样的力量,也是历史传承的意义所在。孔子因崇敬周公,致力于推广周礼,著书立说,开创了儒家学派;司马迁因敬仰孔子,发愤图强,完成了被誉为"史家之绝唱,无韵之《离骚》"的《史记》。

"高山仰止,景行行止。"我们深信,中国先贤的故事和精神,将成为青少年成长道路上的宝贵财富。为了将中国先贤的形象更加鲜活地呈现在青少年面前,我们精心策划了这套"给孩子读的中国先贤故事"丛书。在编写过程中,我们始终坚持真实、有趣的原则,多方搜集资料,深入考证史实,力求还原先贤的真实面貌。同时,我们对语言文字进行了反复打磨、润色,使故事生动有趣,易于青少年理解和接受。

希望青少年朋友们通过阅读本丛书,以中国先贤为楷模,从他们的故事中汲取智慧与力量,在人生的道路上勇往直前,为实现中华民族伟大复兴的中国梦挥洒青春热血,用奋斗的汗水浇灌梦想之花!

万历中兴的设计师

张居正，字叔大，号太岳，原名张白圭，明代政治家、改革家，是中国历史上一个颇具争议的人物，他的一生充满了传奇色彩。

张居正出生于湖北荆州的一个秀才家庭，自幼天资聪颖，是远近闻名的神童。他13岁参加乡试时，湖广巡抚担心他过早考中举人反而难成大器，故意让他落榜。23岁考取进士后，张居正进入翰林院，目睹了朝廷激烈的政治斗争，作为一个心怀梦想的热血青年，他鼓起勇气第一次上疏，痛陈当时弊政，表明了自己的政治主张和改革愿望，却没有得到任何回应。

之后张居正离开京城，回到故乡江陵，过了三年的乡居岁月，他的思想渐渐成熟起来。此后，在朝廷的政治斗争中，他韬光养晦，不露声色，不管是自己的老师徐阶，还是权臣严嵩、穆宗旧臣高拱，他都同他们保持着良好的关系。徐阶很赏识他，将他看作自己的接班人，不遗余力地提携他，推荐他担任裕王的讲读官。裕王继位后，在徐阶的帮助下，张居正从礼部右侍郎、内阁大学士一直升到礼部尚书，仕途亨通，扶摇直上。

因为张居正跟严嵩关系不错，严嵩对他毫无警惕之心，当徐阶提拔张居正时，严嵩从来没有反对过。张居正跟高拱关系也不错，而且与他志趣相投，所以，即使高拱与徐阶斗得你死我活，张居正也没有受到影响。在恩师徐阶黯然离开内阁后，张居正仍然与高拱保持着密切的合作。但是高拱报复心太强，而且专横跋扈，张居正对此比较反感，于是暗中与东厂太监冯保结盟，抓到机会驱逐了高拱。

内阁的人如走马灯似的频繁更换，只有张居正笑到了最后。他尽心尽力教育和辅佐万历小皇帝，取得了小皇帝及其生母李太后的信任，成了说一不二、权倾天下的万历内阁首辅，有了施展抱负、实现自己政治理想的机会。他颁布考成法、清丈田亩、推广一条鞭法、加强边镇防务、整顿驿站，开创了万历初年的中兴局面。

然而人无完人，张居正也有独裁擅政、打击异己、贪污受贿、徇私舞弊、骄奢淫逸的一面，所以，他病逝后，针对他的清算很快就开始了。万历皇帝从小被张居正严格管教，在感恩之余也有怨恨压抑，这个时候他对张居正的不满情绪彻底爆发了，于是下令追夺张居正的所有官衔、荣衔、谥号，甚至想要开棺鞭尸，以解自己心头之恨。张居正的家人也没有得到善待，或饿死，或自杀，或流放。作为内阁首辅、帝王之师，张居正的下场令人唏嘘不已！

无论如何，张居正的功劳不容抹杀，他对外实现了边境的和平安定，维护了国家的疆土完整；对内整顿了官员敷衍塞责、玩忽职守的不良风气，改善了民生，缓和了社会矛盾，使明朝的国库变得充盈起来。

本书以史实为基础，以通俗易懂、简洁明快的语言，讲述了明朝中后期著名政治家、改革家张居正跌宕起伏的传奇人生，引导广大读者从中体会他政治生涯的曲折起伏及朝廷权力斗争的复杂残酷，探讨其人生轨迹及悲惨结局的深层原因。

张居正的功过与得失，可以给我们许多宝贵的启示和思考。他勇于变法革新、为国家而不计身家利害的精神，值得我们铭记和传颂。

目录

第一章 江陵神童，名震远近 001

远近闻名的小神童 003
荆州张秀才 008
恩师顾璘的良苦用心 011

第二章 初入仕途，壮志难酬 021

进士及第，跻身翰林 023
首次上书，直陈时弊 028
壮志难酬，辞官归乡 032
隐居乡间，赋诗明志 035

第三章 重返政坛，崭露头角 041

裕王府的讲读官　043
严、徐之争的旁观者　049
嘉靖遗诏的执笔者　054

第四章 进入内阁，再显身手 061

最年轻的内阁大学士　063
改革序曲：《陈六事疏》　068
与高拱的合作　074
施巧计解除边关危机　078

第五章 万历首辅,帝王之师 089

万历皇帝即位 091
从次辅到首辅 093
严苛的帝王师 098

第六章 变法革新,中兴元勋 107

考成法的"三本账" 109
清查隐漏田亩 115
为大明续命的一条鞭法 121
巩固边镇防务 126
杀鸡儆猴,整顿驿站 130

第七章 身后蒙羞，奇耻大辱 137

"夺情"风波 139
骑虎难下的"归政乞休" 144
积劳成疾，大星陨落 148
万历皇帝的清算 151
是非功过谁评说 157

附 录 张居正生平简表 165

第一章

江陵神童，名震远近

张居正少时聪颖,是荆州远近闻名的神童。但在乡试中,湖广巡抚顾璘见他年龄太小,有意对他多加磨砺,故意让他落榜。16岁时他再次参加乡试,成功中举。

远近闻名的小神童

荆楚大地,山秀水美,人杰地灵,在这片广阔的大地上,出现过很多有名的人物,比如浪漫主义文学大师屈原、活字印刷发明人毕昇、著名诗人孟浩然、"茶圣"陆羽、药物学家李时珍等,还有明朝万历年间的内阁首辅张居正也是其中之一。

嘉靖四年(1525年)五月初三,在湖北荆州府江陵县(今属荆州市)的张秀才家里,一个男孩呱呱坠地,发出人生的第一声啼哭。听着孩子响亮的啼哭声,全家上下喜气洋洋,男孩年迈的曾祖父张诚更是欣喜万分,高兴得合不拢嘴。

原来,在孩子出生的前一天晚上,张诚做了一个梦,梦见圆圆的月亮落在一只水瓮里,照得水瓮闪闪发亮,随后一只白色的乌龟从水中浮现。在古代,乌龟和龙、凤凰、鹤、鹿一样,被视为吉祥的象征,而且白龟极为稀少,所以人们认为白龟是一种更为吉利的动物。

张诚认为，那只白龟就是他的小曾孙。他根据这个梦，取白龟的谐音，给这个刚出生的孩子取了个乳名——白圭。白圭是古代帝王、诸侯在举行祭祀典礼时手中握着的一种玉器，很显然，张诚是希望自己的小曾孙日后能够光宗耀祖。

这美好的寓意给这个普通家庭带来希望，因为张居正的家族一直以来都不显赫。张居正的祖先，最早可以追溯到元末的张居正的七世祖——张关保。张关保家住凤阳府定远县（今属安徽省滁州市），与明朝开国皇帝朱元璋是同乡，早年参加了朱元璋的反元起义军。他作战勇猛，随大将军徐达平定江南，朱元璋论功行赏，授他归州长宁所（治所在今湖北宜昌市秭归县归州镇南）世袭千户一职。

相比大明开国之初的众多封侯拜相者，张关保的一个世袭千户实在是微不足道。后来忆及先祖旧事，张居正还给宜都（今湖北省宜都市）县令许印峰写过一封信，说："先祖的孤坟，多亏您垂顾打扫，没齿难忘。"从中可以看出张关保生前身后都默默无闻，其坟墓孤零冷清，与普通百姓的坟墓并无多大区别。

第一章 江陵神童，名震远近

明朝的军队制度规定，武将的儿子中，只有亲生的长子才可以承袭官职。张居正的曾祖父张诚是次子，所以没有资格继承千户之职，只是一介平民。

张诚说话有些口吃，但心地善良，经常救济穷苦人家，使本就不富裕的生活更加艰难。后来为了谋生，张诚携全家从归州迁到了江陵城外10余里的张家台村。在这里，张诚仍然乐善好施，深受乡里百姓的尊敬和爱戴。

张诚一共有三个儿子，长子张钺头脑灵活，善于经商，家境殷实；次子张镇为人慷慨豪爽，不喜欢干农活，也不想读书，到荆州辽王府当了护卫；三子张釴是个读书人，考取了秀才，但几次参加乡试都名落孙山，最后勉强补了一个县学生。

相对来说，张诚更偏爱次子张镇，倒不是因为张镇更有出息，而是因为张镇有个聪明伶俐、乖巧懂事的儿子——张文明。张诚给孙子取名"张文明"，是希望他能寒窗苦读，以文取仕，去开辟光明的前途。他曾经对别人说："我这辈子经常帮助别人，积德行善，后代中一定会有出人头地的，现在看来，那个出人头地的就是这个孙子了。"

张文明长得一表人才，成年后，张诚亲自做主，为孙子定下了一门亲事，女方温柔贤惠，来自邻村的一个普通人家。

然而，张诚对于孙子张文明的期望还是落空了。

张文明自己也想通过参加科举考试来改变家族的命运，但是，他虽然读书很用功，读书态度端正，却少了点天分。他在20岁左右被补为荆州府秀才后，考过7次乡试，但次次都名落孙山。直到儿子张居正做了翰林（古代皇帝的文学侍从官），张文明才放弃科举考试，并且感叹道："我读书40年，自觉没有什么地方不如别人，但是一直到现在都没有考中举人，更别说进士了，这就是命吧！"

张居正后来在为父亲写的小传《先考观澜公行略》中，称赞父亲从小就很机警灵敏，下笔写文章一挥而就，从不需修改，随口吟诵就能成诗，而且往往有不同寻常的诗句，唯一的缺点就是不愿埋头钻研四书五经，学问方面差了一些。

张居正出生后，张诚又把希望寄托在这个曾孙的身上。这一次，他终于没有看走眼。

张居正从小就天赋异禀，聪慧过人，2岁的时候，有一天他在院子里玩耍，他的堂叔张龙湫恰好在读《孟子》，看见张居正机灵可爱的样子，便想逗逗他，于是指着《孟子》对他说："大家都说你聪明，那你认识'王曰'这两个字吗？认识的话才是真聪明哦。"说完就教他认字。

过了几天，乳母抱着张居正来到院子里，又遇到了在院中读书的张龙湫。张龙湫将张居正抱过来，让他坐在自己的膝上，然后打开《孟子》，问他："哪两个字是'王曰'呀？"

张居正准确无误地指了出来，而且还念了出来。张龙湫十分惊讶。

张居正2岁就会认字的故事传开后，大家都赞叹不已，说张家出了个小神童。

尽管如此，张文明对儿子的教育丝毫不敢放松，一有空就教他背诵《百家姓》《千字文》《幼学琼林》等启蒙读物。等到张居正5岁的时候，又将他送入私塾，学习四书五经。经过几年的学习，张居正到10岁时便已通晓四书五经之大义，在江陵乃至荆州府都有了一些名气。

荆州张秀才

嘉靖十五年（1536年）农历三月十五日，12岁的张居正到荆州府参加童试第二阶段的府试。在当时，学子只有通过了童试中最后一个阶段的考试——院试，才有资格升为秀才。

说来也巧，主持考试的荆州知府李士翱在开考的前一天晚上，梦见天神交给他一枚玉印和一张画像，让他将玉印转交给画像里的少年。第二天醒来，李士翱觉得这个梦有些奇怪，但也没有太在意。

按照惯例，开考前主考官要进行点名，以便认识每个考生。李士翱坐在大堂上的案桌旁，翻开考生花名册，开始点名。第一名正是张白圭，当看到眼神坚毅、相貌俊秀、仪表不凡的张白圭站在堂下时，李士翱顿时愣住了，半晌才回过神来。李士翱发现，这个张白圭竟然和自己昨晚梦中所见的画像中的少年有些相像，他心中暗想：天下真有这么凑巧的事吗？

考试结束后,李士翱急忙让随从将考生们的考卷送到他的案桌上,他找到张白圭的考卷,迫不及待地审阅起来。李士翱看得连声叫好,拍案称绝,他被张白圭文章中飞扬的文采、严谨的论述、精湛的见解、宏阔的视野深深折服了。李士翱情不自禁地想:这孩子日后多加点拨教导,必成大器,是辅佐君王治理天下、造福国家百姓的栋梁之材。此时他对张白圭已经产生了欣赏之情。

随即,李士翱让随从叫来张白圭,和蔼地问道:"你这个名字'白圭',有什么特别的寓意吗?"

张居正不假思索地答道:"战国时有个白圭,曾经在魏国做官,善于修筑堤坝,兴修水利,造福一方。本朝也有个叫白圭的官员,历任山西巡抚、工部及兵部尚书。他们都为国家做出了贡献。我这个白圭,将来也要像他们那样,匡扶天下,振兴社稷,救世济民。"

李士翱听了张居正的豪言壮语,对他更加欣赏,赞许道:"你有这样的志气很好。我看了你的考卷,答得很不错,将来你一定前途无量。"

张居正听了十分高兴。这时,李士翱话锋一转,又说:"'白圭'这个名字虽然不错,却有些粗浅,配不上将来的你啊！我给你改个名字吧。古人云，'其身正，不令而行；其身不正，虽令不从'，叫'居正'怎么样？"

"居正……"张居正轻声重复着，接着说，"大人取的这个名字，正合我意。将来我若能入仕，一定不负大人厚望，做一个堂堂正正的朝廷命官。"

这以后，他就正式改用"居正"这个名字，张白圭也就变成了张居正。张居正后来在朝廷中身居高位，对李士翱的知遇之恩始终心怀感恩。

因为李士翱的改名和盛赞，张居正在荆州府的名气更加响亮了。不久后，湖广学政（明清掌管地方文化教育的官员）田顼因公巡行来到荆州府。李士翱告诉他荆州有个非常聪明的孩子，名叫张居正，田顼便特地叫张居正前来面试。

这个田顼也是天资聪颖，少年早慧，21岁中举，26岁就中了进士，他主管湖北科举考试多年，见多识广，见识过不少资质优秀的考生。他并不听信他人的一面之词，想亲自考考这个孩子，看看他是不是如李士翱所说的那样。

田顼给张居正出了一道试题，让他写一篇赋——《南郡奇童赋》。

张居正思考片刻，挥笔立就，而且文章写得十分出色，田顼看后大为赞赏。随即，田顼将张居正补录为荆州府学的一名儒学生员，张居正一下子就由童子升为秀才。很快，"荆州张秀才"的大名也在当地传开了。

在府学中，张居正的表现也很突出。

不久，李士翱离任，李元阳接任荆州知府。李元阳经常去督促府学和县学里的生员认真学习，并安排他们考试。有一次考试，参加考试的学子有600人，张居正的成绩在众多考生中名列第一。李元阳看了张居正的试卷，忍不住夸道："这孩子日后当为太平宰相。"

张居正对李元阳也十分敬重，即使后来位居内阁首辅，仍对李元阳以恩师相称。

恩师顾璘的良苦用心

张居正虽有"神童"之誉，但他参加科举考试却不太顺利，曾经数次落榜。

明代正式的科举考试分为乡试、会试、殿试三级。乡试每三年举行一次，考中的称为"举人"。嘉靖十六年（1537

年），13岁的张居正到武昌参加乡试。如果这次乡试顺利的话，他将成为明代继杨廷和（明中期政治家，12岁时参加乡试中举）之后年龄最小的举人。

考试结束后，阅卷官见张居正年纪轻轻，竟能写出如此见识不凡、气势恢宏的文章，忍不住在湖广巡抚顾璘面前夸赞了张居正几句。

顾璘是长洲（今江苏省苏州市吴中区）人，年少时就颇有才名，能诗善文，21岁就中了进士，与上元（今江苏省南京市）的陈沂、王韦二人同称"金陵三俊"，后来又加上了宝应（今江苏省宝应县）的朱应登，合称"金陵四大家"。顾璘历任知县、知府、知州、布政使等官职，为官政绩显著，在百姓中有很好的口碑。

听到阅卷官夸赞张居正很有才华，顾璘便好奇地要来张居正的考卷查阅，发现张居正的文章果然写得文采斐然、见识超群，不由得拍案叫绝。他立刻召见了张居正，见张居正方巾儒服、气度不凡，便问道："这位学子，你年纪不大，日后可有什么志向呀？"

张居正思考片刻，朗声答道："学生常听父母说起，我的曾祖父平时急公好义，经常施舍财物救济穷人，以致自己的生活也很困顿。他还多次发下宏愿，愿意把自己的身体作为蓐荐（荆州农户用稻草编织的卧具），让人们在上面安设床榻，睡觉休息。学生当以曾祖父为榜样，济世救民，即使要割取我的耳鼻，也在所不惜。"

顾璘想不到一个13岁的少年竟有如此胸怀，不禁感到惊讶，对张居正更加欣赏。但他还想再考一考张居正，于是用手指着院子里的一丛翠竹，说："你能不能以竹为题，作一首五言绝句？"

张居正点点头，看向翠竹，若有所思。顾璘端起茶杯，刚喝了一口，张居正的《题竹》便已脱口而出：

绿遍潇湘外，疏林玉露寒。

凤毛丛劲节，只上尽头竿。

"好诗！好诗！"顾璘不住地点头夸赞道。

顾璘断定张居正将来必成大器，是位难得的治国之才。但是，张居正现在才13岁，如果这次让他中举，人生太顺利了，说不定他会因此滋生出骄傲自满的心理，失去了上进心，成为又一个方仲永，由神童沦为平庸之人。

当时，湖广按察佥事（相当于按察副使）陈束看了张居正的考卷，极力主张录取他。但顾璘为了让张居正日后能够走得更远，想要给他设置一些阻碍，以磨炼他的心志，促使他更加奋发进取，于是对监试的冯御史说："张居正才华横溢，年少中举也没什么不可以的，但过早为官，官场只会多一个吟风咏月的文人，而少一个治世的能臣。真金还需要火炼，为了他将来有更好的发展，最好再等几年，让他多些历练。"

"顾大人所虑甚是。"冯御史点头表示同意。

顾璘又补充了一句："科举考试是您负责的，一切请您斟酌处理。"

就这样，因为顾璘的意见，张居正这次参加乡试没有被录取。据说揭榜那天，顾璘又召见了张居正，语重心长地送给他一句诗："他山有砺石，良璧愈晶莹。"

张居正读了若有所悟，于是安下心来，继续埋头读书。

3年后，嘉靖十九年（1540年），16岁的张居正再次

第一章 江陵神童，名震远近

参加乡试。这一次，他终于如愿以偿，成功中举。

16岁中举，可谓少年得志，令人羡慕。但张居正仍然记得当年顾璘的善意帮扶，于是去拜见了顾璘。顾璘此时已卸任湖广巡抚，在朝廷中任工部左侍郎一职，正奉命到湖北修缮嘉靖皇帝之父朱祐杬的显陵。

顾璘知道张居正中举，感慨地说："古人说大器晚成，那是指中才。你是大才，所以成名必然也早。当年我嘱咐冯御史，故意让你落榜，否则你3年前就中举了。这是我的不是，但也希望你能理解我的做法。"

对于顾璘的良苦用心，张居正也早有所悟，于是恭敬地说："大人的一番苦心，小生没齿难忘！"

顾璘听了十分欣慰，其实对于张居正16岁中举他仍然觉得过早，所以又语重心长地嘱咐道："希望你记住你的济世宏愿，不要做一个年少成名，只会舞文弄墨、歌咏风月的秀才，而要做个像伊尹、颜回（伊尹是商朝著名的丞相，颜回是孔子的得意门生）那样的有远大抱负的栋梁之材。切记！切记！"

不得不说，张居正是幸运的，在人生的关键阶段能有贵人给予点拨、指引。他对此深为感激，再次拜谢顾璘。

顾璘还在家中设宴款待张居正，并把张居正介绍给自己的小儿子顾峻认识，希望二人交好。

张居正告辞的时候，顾璘又解下自己的犀牛皮腰带送给他，并对他说："你迟早会腰横玉带，位极人臣。此物我佩戴多年，现在送给你，略表我的一点心意，只是怕委屈了你。"

后来，顾璘多次在同僚面前提起张居正，说："张居正有将相之才，过去唐朝宰相张说慧眼识才，在李邺侯（李泌）还是孩子时便认定他日后必成大器。依我看，张居正完全可以跟李邺侯相媲美。"

张居正对顾璘的知遇之恩一直念念不忘。后来在翰林院的经历，也使他更加理解并感激顾璘故意让他落榜的良苦用心，因为官场的那些钩心斗角、尔虞我诈，不是一个少年的稚嫩心灵所能承受得了的。

张居正晚年在写给朋友的信中，还曾提起此事："在我年少的时候，恩公想得如此周全，我打心底里感激恩公的知遇之恩。恩公对我的恩情，我从未忘却，以死相报都在所不辞。"

顾璘去世以后,张居正发动朝廷和南直隶的官员,集体为顾璘请求朝廷的恤典以及封妻荫子。顾璘的儿子顾峻赴京参加考试,张居正主动用自己的俸禄资助他,还一再请求朋友关照顾峻,也算报答恩公的知遇之恩。

给孩子读的中国先贤故事：张居正

屈　原

屈原（约前340年—前278年），战国时期楚国秭归（今湖北省宜昌市）人，楚国伟大的爱国诗人、杰出政治家。曾任左徒（相当于左丞相）、三闾大夫（掌管楚国宗庙祭祀和屈氏、景氏、昭氏三大贵族子弟教育的官员），辅佐楚怀王进行变法改革，主张联合齐国对抗秦国。后来受到贵族、奸臣的诽谤、排挤，遭到流放。前278年，秦军攻破楚国都城郢（今湖北省江陵县纪南城），屈原怀着极度苦闷、绝望的心情，于农历五月初五投汨罗江（位于今湖南省平江县境内）自尽。

屈原创立的新的诗歌体裁——楚辞，开创了中国浪漫主义文学的先河，抒情长诗《离骚》是他的代表作。后来人们为了纪念屈原，将他投江自尽的那天定为端午节，举行赛龙舟、吃粽子等活动，这一习俗一直流传到今天。

童 试

童试又称"童生试"，是明、清两代取得生员的入学考试，参加考试者不论年龄大小都称为"童生"。童试包括县试（在各县举行，由知县主持）、府试（在管辖本县的府进行，由知府主持）、院试（在各省举行，由掌管一省教育事务的学政主持）。童生通过院试后称为"生员"，也就是秀才，算是取得了功名，从此进入人才济济的士大夫阶层。

靖难之役

靖难之役,又称"靖难之变",是指明建文元年至建文四年(1399年—1402年),由燕王朱棣发动的与建文帝夺取政权的战争。明太祖朱元璋去世后,皇太孙朱允炆继位,史称"建文帝"。建文帝采取了一系列削藩措施,又以防边为名,把燕王朱棣的护卫精兵调到塞外戍守,准备削除燕王。建文元年,朱棣以"清君侧"为名举兵反抗,称"靖难"之师,随后挥师南下,最终推翻建文帝统治,在应天自立为帝,改元永乐,开启了明朝的一个新时期,史称"永乐盛世"。

第二章 初入仕途,壮志难酬

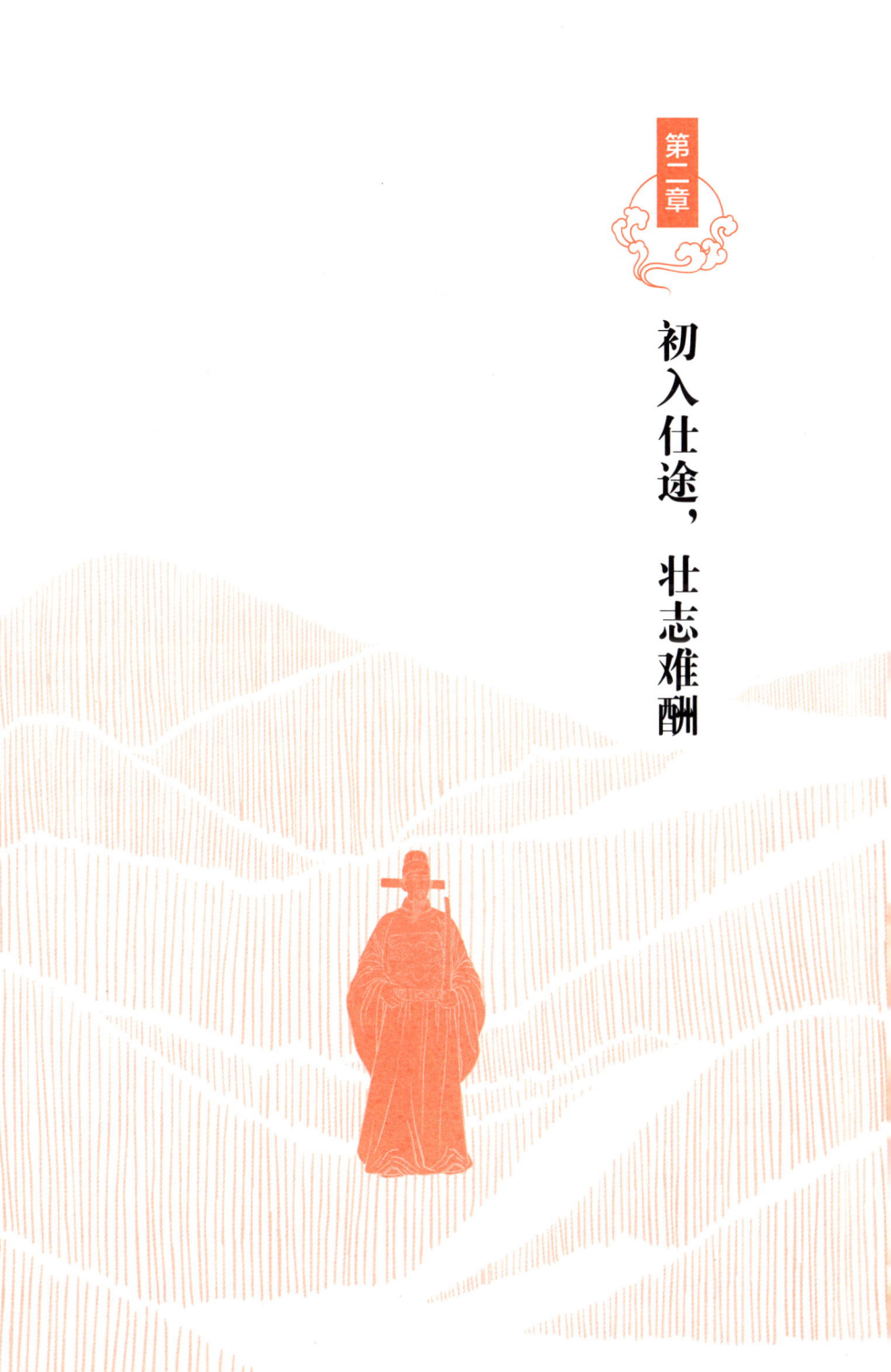

顺利通过会试后，张居正高中进士，入选翰林院。3年后，张居正开始参与朝政，他怀着满腔的报国热情，写下了《论时政疏》，希望嘉靖皇帝能广开言路，重用贤臣，可奏疏呈交上去后如泥牛入海，杳无音信。张居正深感失望，加上朝廷中权奸当道，前途无望，他决定请病假回故乡江陵休养。乡居期间，他对于民间疾苦有了更深的体会。

进士及第,跻身翰林

本来,张居正在通过乡试之后,第二年就可以参加会试。或许是因为顾璘的点化,加上爷爷张镇去世的打击,他没有参加这次会试,而是沉下心来,继续磨砺自己。直到嘉靖二十三年(1544年),张居正才进京参加会试,但这一次他又意外落榜,没有被录取为进士。

痛定思痛,张居正认真地进行了反省,认为自己的浮躁心理是这次会试失败的根源。他后来在写给儿子张懋修的信中回顾往事时,检讨道:

"想追寻前人的足迹,又合乎当世的准则,只有才华卓越的人才能做到。自明朝建立以来,这样的人并不多见。

"我早年轻松取得秀才、举人的功名,得到了一些赞誉,以致有些忘乎所以,以为屈原、宋玉、班固、司马迁这些人,也不是那么超凡脱俗、遥不可及,认为科举及第是唾手可得的事情。于是三心二意，不再钻研四书五经，而想涉猎古典之学，甚至佛学。三年一晃而过，学习古典并没有取得什么成绩，原来的学业却荒废了。现在回想那时的行为，只能招人嘲笑，给自己带来羞辱。

"甲辰年我科举落第，于是重新审视自己，重拾以前的学业，不舍昼夜，发奋学习，侥幸学业小有所成，然而也只是科举中第罢了，还不能够在考场从容作文，轻松夺魁！"

这次会试失败后，张居正决定潜心学习，重新专注于科举考试的本业——钻研四书五经。

嘉靖二十六年（1547年），23岁的张居正再次入京参加会试，虽然取得的名次并不高——第160名，但总算顺利通过了。接着他又参加殿试，高中二甲第九名进士，被选入翰林院，担任庶吉士。

这也意味着，张居正从此敲开了大明政坛的大门，开启了漫长的政治生涯。

根据惯例，庶吉士要在翰林院实习三年。翰林院是编写历史、管理图书的一个中央部门，庶吉士在翰林院主要负责学习、研讨诗文，或者钻研朝章国故。实习期满后，优秀者授编修、检讨等职位，其余人担任别的官职。

第二章 初入仕途，壮志难酬

表面上看，翰林院似乎是一个"清闲"机构。实际上并非如此，明代极其看重进士和翰林，有"非进士不入翰林，非翰林不入内阁"的惯例，进入内阁的官员大多是翰林出身，所以庶吉士也被视为"储相"，也就是候补宰相。

更重要的是，张居正入选翰林院时，恰好吏部左侍郎徐阶也来到了翰林院，兼任掌院学士，成了张居正的指导老师之一。在古代官场，师生关系是一种亲密的政治关系，老师提携学生，学生依附老师，后来徐阶提拔重用张居正都与此密切相关。

徐阶是松江府华亭县（今上海市松江区）人，嘉靖二年（1523年）参加殿试，中头甲第三名探花，考上进士时年仅21岁，比张居正中进士时的年龄还小2岁。他聪明机灵，有权术谋略，却深藏不露。他年轻时也曾心高气傲，锋芒毕露，喜欢议论朝政。嘉靖九年（1530年），他反对内阁首辅张璁提出的取消孔子"大成至圣文宣王"封号的主张，同时得罪了张璁和嘉靖皇帝，被贬至福建延平府（治所在今福建省南平市）。此后，他收敛锋芒，谨慎行事，在为人处世上日渐圆滑、老练，变得成熟起来。

后来张璁垮台，夏言继任首辅，将徐阶调回京城，担任太子洗马（太子的侍从官，又称"东宫洗马"）兼翰林院侍读。徐阶便以东宫为根据地，开始建立自己的人脉网，还结交了心学派的赵时春、唐顺之等人。夏言后来遭严嵩陷害被冤杀，此时徐阶羽翼未丰，无法与严嵩抗衡，只能选择隐忍不发，发誓有朝一日要为夏言伸张正义。

为了韬光养晦，积蓄力量，徐阶上书嘉靖皇帝，自请到翰林院任职，教育、辅导新进的庶吉士。

在徐阶看来，这些尚无官职的庶吉士，未来就是大明朝廷的精英。徐阶很认真负责，一有时间就找庶吉士们谈话。他这样做，除了鼓励庶吉士认真学习之外，也是为了积累自己的人脉，巩固自己的地位。在与张居正谈话后，徐阶非常赏识他的聪明和才华，认为他很有潜力，将来必能成为国之栋梁。

于是，徐阶对张居正进行了悉心细致的指导。张居正学习研究了国家的典章制度，分析了历朝兴衰成败的原因，对于如何治国理政有了初步的认识和思考，这为他日后走上政治舞台、施展政治才干打下了坚实的基础。

在翰林院期间，徐阶和张居正结下了深厚的师生情谊。

嘉靖二十八年（1549年），张居正被分配担任翰林院

第二章 初入仕途，壮志难酬

的编修，负责编写国史和实录。在这个岗位上，他一干就是10年。

值得一提的是，严嵩取代夏言成为内阁首辅之后，按照惯例，也兼任翰林院掌院学士（相当于翰林院院长）。这也就是说，严嵩也是张居正的老师之一。

严嵩在26岁参加殿试时获二甲第二名，诗、词、文章、书法都属上乘，被文坛视为"南宗领袖"，在做礼部尚书之前他也是个很正直的官员。张居正一度很敬重他。

严嵩也和徐阶一样，对才华横溢的张居正颇为赏识，很多诗文、贺表都让张居正代笔，比如《圣寿无疆颂》《得道长生颂》《代谢赐御制答辅臣贺雪吟疏》等。

严嵩七十大寿时，张居正还写了一些贺词及打油诗以示祝贺，比如"声名悬日月，剑履逼星缠。补衮功无匹，垂衣任独专。""履盛心愈小，承恩貌益虔。神功归寂若，晚节更怡然。"

正因为张居正与严嵩关系不错，后来徐阶提拔张居正的时候，严嵩没有反对，而是很爽快地答应了。

张居正心里也明白，在政治上严嵩是自己和老师徐阶的敌人，但严嵩毕竟赏识过他，也待他不薄，所以他和严嵩及其党羽时有来往。即便后来严嵩和徐阶斗得你死我活,张居正和严嵩仍然保持着表面的良好关系,从未公开流露出对严嵩的不满。

首次上书,直陈时弊

在翰林院度过三年的庶吉士生涯后,张居正开始入朝参与朝政。

此时,明朝的政治环境十分恶劣。嘉靖皇帝终日躲在宫中,只顾修仙炼丹,不理朝政,内阁官员之间的争斗异常激烈,由此导致吏治混乱、国家财政困难、民族矛盾激化,农民起义的烽火在全国各地相继点燃。

作为新科进士,张居正对于内阁中的斗争没有什么发言权,但他对于朝廷的政治腐败和边防废弛却有着深刻的见解。嘉靖二十八年(1549年),他满怀报国热忱,第一次向嘉靖皇帝上疏,呈交《论时政疏》,陈述自己改革政治的主张,指出了当时国家存在的五大积弊。

一是宗室藩王骄纵恣肆。"现在的一些宗室,不想着遵

第二章 初入仕途，壮志难酬

循先祖遗训，生活有所节制，谨言慎行，遵守法律，以接受天赐的福佑，反而不顾王侯的尊贵身份，争相追求修道之人的名号，招纳占卜炼丹之人来迷惑百姓……如果不及早制止这些人，他们屡屡得志，势力就会越来越大，难以驾驭。"

二是官吏荒废本职工作。"现在国家对于人才，平时没有留心培养他们，任用他们时又不能让他们发挥自身所长。现在朝廷里虽然人才济济，但是天下难道没有那种隐身于民间又具有特殊才能的人才吗？难道就没有因一点过失就被永远废黜的官员吗？"

三是吏治因循腐败。"近来对地方官考核不严，那些地方官一味奉承趋附，把上传下达、处理文书、政令等公务作为首要实务，把迎合君主的意愿视为精明能干。敢于贿赂的官员身居高位，善于谄媚的官员平步青云。"

四是边防武备废弛。"敌人骄横已久，近来尤为猖獗，有时攻击宣府镇和大同镇，有时深入内地，小入就获小利，大入就获大利……兵法上说：'不要侥幸指望敌人不来侵犯，而要依靠自己，做好应对敌人入侵的充分准备。'"

五是财政连年赤字。"现在供养朝廷高官的财物，每年数额巨大；皇帝的近臣征派勒索，欲壑难填；主管农业的官员多次上奏，说国库空虚。"

张居正分析认为，这五大积弊的根源在于"血气壅阏"，并非无法纠正。所谓"血气壅阏"，指的是嘉靖皇帝长期移居西苑，沉迷于炼丹修仙、长生不老之术，不理朝政，整天与宦官、宫妾为伍，致使上下不通、君臣阻隔，政治处于瘫痪状态。

张居正真诚而迫切地请求嘉靖皇帝能够励精图治，"广开献纳之明，亲近辅弼之佐"，形成大臣们为国家尽忠效力、清除积弊的大好时局。

为了不引起嘉靖皇帝的反感，张居正在奏疏中语重心长地说："臣听说英明的君主不会憎恶臣下言辞恳切的进谏，因而青史留名；仁人志士不回避杀身之祸而向皇帝直言进谏，以免政务出现失误，因而功勋流芳百世。"

张居正期盼着嘉靖皇帝对他的奏疏做出回应。然而，刚愎自用的嘉靖皇帝最不喜欢臣下向他进谏，听不得一点批评意见，所以张居正的奏疏呈交上去后，如石沉大海，毫无回音。

这让张居正深受打击，失意之下，他忍不住吟诗一首——《拟西北有织妇》，以排遣心中的郁闷。诗中写道：

西北有织妇，容华艳朝光。

第二章 初入仕途，壮志难酬

> 朝织锦绣段，暮成龙凤章。
> 投杼忽长吁，怒焉中自伤。
> 绵绵忆远道，悠悠恨河梁。
> 远道不可见，泪下何浪浪！
> 春风卷罗幌，明月照流黄。
> 山川一何阻，云树一何长。
> 安得随长风，翩翩来君傍。
> 愿将云锦丝，为君补华裳。

在诗中，张居正把自己比作一个具有出神入化手艺的织女，希望能够跨越遥远的距离，见到情人（指代君主）。诗中展现了张居正想要为君主尽心竭力施展才华，辅佐君主的抱负。

但是时机还未成熟，伯乐难求，张居正空怀壮志而无法施展，只能将主要精力放在研究朝章国故上面，积累自己的政治资本。在嘉靖一朝，除了例行上呈章奏之外，他再没有主动上过一次奏疏。

正值人生盛年，却无法施展才华，张居正内心的郁闷可想而知。他只能埋头于翰林文章，对于时政，再不置一词。

同时，徐阶对张居正给予了肯定，说他"敢于承担责任，而且胸有城府"。

壮志难酬，辞官归乡

不知不觉间，又过去了几年，严嵩依然把持着朝政大权。张居正虽然与严嵩有师生关系，却对严嵩在朝廷中一手遮天、争权夺势、残害忠良等作为深感不满。张居正一度把希望寄托在徐阶身上，几次向徐阶进言，希望老师能够有所作为，压制一下严嵩。

但徐阶深知朝廷斗争的残酷性，为避免引起严嵩的猜忌，他悄悄藏起斗争的锐气，隐忍地等待时机，并多次提醒张居正要沉住气，不可轻举妄动。

为了得到嘉靖皇帝的青睐和宠信，徐阶发挥自己的文学才能，精心撰写道士做法事时用的祷告词文（又叫"青词"），献给嘉靖皇帝。他那出众的青词，使他深得嘉靖皇帝宠信。在升任礼部尚书后，徐阶与严嵩的分歧日渐增多。但是为了麻痹严嵩，徐阶将自己的孙女嫁给严嵩的孙子，以政治联姻

第二章 初入仕途，壮志难酬

来蒙蔽严氏父子。在内阁事务上，徐阶一切听从严嵩的安排。渐渐地，严嵩放松了对徐阶的警惕。

看到徐阶一味地退避忍让、曲意逢迎，张居正既愤怒又失望。他将自己的一腔怨恨付诸诗文，在《适志吟》中写道：

> 有欲苦不足，无欲亦无忧。
> 羲和振六辔，驹隙无停留。
> 我志在虚寂，苟得非所求。
> 虽居一世间，脱若云烟浮。
> 芙藻濯清水，沧江飘白鸥。
> 鲁连志存齐，绮皓亦安刘。
> 伟哉古人达，千载想徽猷。

当时，张居正还太过年轻，看不懂徐阶隐忍的深层意图，失望之余，他渐渐产生了去意。而嘉靖三十二年（1553年）发生的一件事，更是促使他下定决心辞官归乡。

这一年，兵部员外郎杨继盛以自己的人格和性命做担保，向嘉靖皇帝上呈《请诛贼臣疏》，弹劾严嵩，历数其"五奸十大罪"，结果遭到迫害，被捕入狱。当时很多人在想办法营救杨继盛,徐阶是杨继盛的老师,他找了锦衣卫指挥使陆炳,请他保全杨继盛,但没有成功。杨继盛最终被斩首示众。

这件事使张居正又一次看清了官场权力斗争的险恶。权奸当道,正直人士受到排挤打压,是非颠倒。他心里愤懑至极,却无可奈何,对前途也深感无望。

嘉靖三十三年(1554年),张居正以自己身体抱恙为由,请病假辞去官职,回到故乡江陵休养。

离京之前,张居正给自己的老师徐阶写了一封暗含讽刺意味的长信。

在信中,他先赞扬徐阶:"三十年来,徐公您在词林享有崇高的声望,不结党营私。人们对您翘首以待,期望您能为民办实事。"

接着他话锋一转,指出徐阶做事小心翼翼,过于爱惜自己的羽毛,在邪恶势力面前节节退守。他言辞犀利地批评道:"徐公您只知道洁身自好,以为只要不结党营私,与同僚和睦相处,等到时机成熟就能一展身手,但在如今的复杂形势下,这是相当困难的。如今政局如此混乱,要是在前朝,早就有人挺身而出向皇帝进谏了。您作为我最敬重的人,怎么也顾及自己的权位,胆怯得不敢讲一句话呢?"

张居正希望徐阶能够抛弃顾虑，与严嵩斗争到底，成功了则吏治清明，留名青史，就算失败了，也不过是富贵如浮云，有什么可害怕的呢？

最后，张居正说："您为了自己的荣华富贵，不敢伸张正义，反而以花言巧语去奉承皇帝，还不如一个平民百姓呢。"

张居正这封信可以说是相当不客气了，徐阶看了倒没有跟他计较。徐阶知道此时嘉靖皇帝仍然很信任严嵩，如果他贸然去弹劾严嵩，只会激怒嘉靖皇帝，为自己招来祸端，所以为了扳倒严嵩，他只能静静地等待，遇事需进退隐显，决断有章。

隐居乡间，赋诗明志

张居正义无反顾地离开京城，回到故乡江陵后，一待便是三年。对于自己在家乡的生活情况，他在《学农园记》里这样记录道："田中辟地数亩，植竹种树，诛茅结庐，以偃息其中。"称修建的茅屋为"乐志园"。

张居正的儿子张敬修在《张文忠公行实》中也有相关的

描述，说父亲在小湖山修筑了一处茅屋，种了半亩竹园，养了一只飞鹤，终日闭关不出，也不会见客人，只是带着几个童子煮茶采药。

在这段闲暇时光里，张居正或是潜心读书，博览诸子百家之书；或是学习种植庄稼，往返于田间地头，切身体会农作的艰辛，心情平静了许多。

一段时日后，张居正开始拜访故友，游山玩水。他游览了衡山、南台寺、方广寺等地，并且写下了不少诗作。

在四处的游历中，张居正对民间疾苦有了更深刻的了解和体会。他在《学农园记》中写道："每每看到农民们冒着风霜雨雪、冬寒夏暑，终年劳碌，到头来也只能免于饿死。遇上凶年饥岁，官府像催命一样逼交租税，农民也只能仰天长叹。即便幸运遇到了丰收之年，他们也只是暗自庆幸，放松心情庆祝一下。"

张居正还发现，地方官府巧立名目，加收各种苛捐杂税，地方豪强也经常依仗权势，把应该由自己缴纳的税赋转嫁到百姓的头上，进一步加重了百姓的负担。

作为一名心怀天下的政治家，即使身处山野，张居正也始终没有忘记自己的政治抱负——救时治国平天下。他在《渡河》一诗中抒发了自己因政治抱负难以实现而产生的苦闷心情：

> 十年此地几经过，未了尘缘奈客何？
> 官柳依依悬雨细，客帆渺渺出烟多。
> 无端世路催行剑，终古浮荣感逝波。
> 潦倒平生江海志，扁舟今日愧渔蓑。

眼见奸人当道、朝政混乱，张居正在给时任甘肃巡按御史的朋友耿定向的信中流露出了自己的真实心情："长安时局屡变，江南军情紧急，京师十里之外，大盗十百为群，官场上贪赃枉法的风气愈演愈烈，民众的怨恨日甚一日，万一有人率众造反，局势将一发不可收。"

张居正以敏锐的洞察力，透过社会看似平静的表面，看到了深层的政治危机，可见他虽然闲居在家，但始终没有忘记关注朝廷的局势、民间的呼声、社会的动态。

他还在信中表达了自己的雄心壮志："必须有光明磊落、才智杰出的人，全力破除常规旧制，彻底扫除朝廷中的积弊隐患，否则不足以消除天下的灾祸。"

张居正的话中，透露出舍我其谁的气概。所以他最后也特别嘱咐耿定向："我的话只是作为知己好友之间的闲聊，不值得对外面的人讲。"

司马迁

司马迁(前145年或前135年—？)，左冯翊夏阳(今陕西省韩城南)人，西汉伟大的史学家、文学家、思想家。他20岁时离家，自长安出游，足迹遍及中原地区、江淮流域，沿途访问名胜古迹，考察社会风俗，搜集历史遗事，采集民间传说。回到长安后，他继承父业，担任太史令，编修史书。后来由于替投降匈奴的将军李陵辩护，触怒了汉武帝，获罪下狱，被处以宫刑。出狱后他改任中书令，忍辱负重，继续发愤著书，于公元前91年著成了中国第一部纪传体通史——《史记》。

《史记》一共130篇，52万余字，记载了从上古传说中的黄帝时期到汉元狩元年（前122年）长达3000多年的历史，是"二十五史"之首，被公认为中国史书的典范。鲁迅先生曾高度称赞《史记》，誉其为"史家之绝唱，无韵之离骚"。

心 学

心学是起源于北宋、兴盛于明清时期的一种哲学，主要代表人物为南宋的陆九渊和明朝的王阳明。心学派继承了程朱理学（宋代理学家程颢、程颐兄弟与朱熹的合称）的精髓，同时糅合佛教和道家的思想，形成了一种独具特色的心学观点。心学乃心性之学，心学派主张"宇宙便是吾心，吾心便是宇宙""心即是理""心外无物""心外无理""去恶为善""致良知""知行合一"，强调以心为本，通过修炼、完善心性来达到心境澄明、物我两忘、天人合一的大境界。

心学对中国传统文化产生了深远的影响，成为中国哲学思想体系的一个重要组成部分，同时也受到国外许多人士的重视，在世界各地广为流传。

第三章

重返政坛，崭露头角

闲居故乡期间,张居正渐渐意识到,要想实现自己的政治抱负,必须回到朝廷去。于是在辞官三年后,他重返翰林院。此后,权臣严嵩渐渐失宠直至倒台,徐阶继任成为内阁首辅。在徐阶渐渐掌权的过程中,张居正先是被调入裕王府,成为裕王的讲读官;嘉靖皇帝驾崩时,他又和徐阶一起撰写了《嘉靖遗诏》,被徐阶视为内阁首辅接班人。

裕王府的讲读官

通过梳理、总结自己的过往经历,并进行反复的思考,张居正开始从迷茫走向觉醒。他清醒地意识到:要想解决国家的实际问题,就必须回到朝廷,掌握解决问题的权力,这样才能革除积弊,让国家繁荣富强,让百姓安居乐业。

为此,他写了一首名为《割股行》的诗,表明自己以身许国、替君分忧、为国效力的心志。诗中写道:

割股割股,儿心何急!
捐躯代亲尚可为,一寸之肤安足惜?
肤裂尚可全,父命难再延,
拔刀仰天肝胆碎,白日惨惨风悲酸。
吁嗟残形,似非中道,苦心烈行亦足怜。
我愿移此心,事君如事亲。

>   临危忧困不爱死，忠孝万古多芳声。

嘉靖三十六年（1557年）三月，在离开京城三年后，张居正又回到了京城，官复原职，继续在翰林院担任编修。

他发现，严嵩仍然把持着朝政大权，徐阶则继续隐忍蛰伏，等待时机。不同的是，严嵩阵营里又多出了一个重要人物——严嵩的儿子严世蕃。严嵩因为年纪大了，又要随时陪伴嘉靖皇帝，精力不济，于是将很多政务交由严世蕃处理。

严世蕃博闻强记，为人狡黠机敏，工于心计，善于揣摩嘉靖皇帝的喜怒好恶，也深得嘉靖皇帝宠信。民间都称严嵩为"大丞相"，严世蕃为"小丞相"。

此时，明王朝经历200多年的风风雨雨，政治风气日益败坏，朝政体制弊病丛生，内忧外患一齐袭来。内政方面，皇室和贵族兼并土地，动摇了国家根本，老百姓在苛捐杂税的重压下苦苦挣扎，几乎喘不过气来。外患方面，北方的外敌不断侵扰劫掠通州、蓟州（今河北、天津、北京一带）、大同、宣化等地，边境频频告急；东南沿海也不断受到倭寇侵扰，沿海地区的老百姓深受其害，苦不堪言。

然而，嘉靖皇帝却忙于祭祀上天，祈求长生。严嵩父子及其同党排除异己，残害忠良，比如总督浙福南畿军务张经、巡抚浙江副都御史李天宠，多次击败倭寇，立下战功，结果却遭到严嵩义子赵文华的诬告，被逮捕入京后处斩。

这个时候，徐阶的隐忍也有了一些成效，他一边韬光养晦，一边迎合嘉靖皇帝的喜好，使嘉靖皇帝越来越信任倚重他。这样一来，徐阶和严嵩的矛盾更加不可调和了。

嘉靖三十七年（1558年），徐阶对严嵩发起了一次试探性的攻击，授意刑科给事中（负责协助皇帝处理政务、监察和弹劾百官）吴时来、刑部主事张翀和董传策弹劾严嵩奸贪误国。吴时来、张翀是徐阶的门生，董传策则是徐阶的同乡，严嵩认定幕后主使就是徐阶，于是奏请嘉靖皇帝下旨将三人逮捕入狱，逼他们供出幕后主谋。徐阶为了避嫌，没办法出面相救，最后三人被流放到边远地区。

这件事从表面上看依旧是严嵩取得了胜利，实际上却是双方权力斗争过程中的一个转折点。此后，在双方的争斗中，徐阶处于攻势，严嵩则处于守势。

在短时间内，张居正还没有更大的发展空间。但他已经理解了老师徐阶的做法，不再自命清高，而是效仿徐阶的为官、为人之道，在政治风浪中隐藏起自己的锋芒与实力，相机而动。

对于张居正的转变，徐阶也看在眼里，心里十分欣慰。在与严嵩的权力角逐中，他很需要像张居正这样的得力助手，所以，一找到机会，他就把张居正提拔到合适的位置上。

嘉靖三十九年（1560年），徐阶被加封为太子太傅。同年，张居正便升任右春坊右中允，兼任国子监司业。

这两个官职都属于正六品，其中，右春坊右中允负责管理太子的公文，等将来太子继位，凭借这层关系，就有机会平步青云；国子监是明朝的最高学府和教育管理机构，张居正作为国子监司业，是国子监的二把手，可以结识很多将来进入官场的人，建立自己的人脉网。徐阶将张居正放在这两个位置上，既能暗中培植己方势力，又可以让他远离权力斗争的旋涡，免受牵连。

当时，担任国子监祭酒的是高拱。他是张居正在翰林院任职时的学长，两人志趣相投，常以"国器"自命，闲暇时经常一起探讨治国安邦之道，关系非常不错。

有一次，高拱想去看香山红叶，便拉上张居正同行。在香山的最高处香炉峰，他们环顾四周，香山"层林尽染"的壮阔美景尽收眼底。高拱感慨地说:"江山如此多娇,无奈国家形势衰颓,江河日下。居正,我看你也不是久居人下之人,咱们可以为国家做点什么呢?"

张居正虽然比高拱年轻,却比高拱要老成持重些,他说:"他日若肩负重任,必当鞠躬尽瘁,死而后已。"

于是两人击掌为誓,结下盟约,发誓日后若有幸入朝担任宰相,要共同匡扶社稷,为大明的稳定与繁荣竭尽心力。

嘉靖四十三年(1564年),张居正终于迎来了自己政治生涯的春天。经徐阶推荐,他被调入裕王府,担任裕王朱载垕(即后来的明穆宗)的侍讲侍读,与高拱等人一起成为裕王的老师。徐阶这样做,也是为了帮助裕王塑造良好的形象,帮助他争夺皇位。

原来,裕王生性迟钝,内向木讷,从小就不为嘉靖皇帝喜欢。相对来说,嘉靖皇帝更喜欢裕王的弟弟景王朱载圳,朱载圳机灵聪敏,说话行事很讨嘉靖皇帝的欢心。

嘉靖皇帝一共有8个儿子,可是除了次子朱载壡、三子裕王朱载垕、四子景王朱载圳这3个皇子外,其他5个皇子竟然没有一个能活过1岁。次子朱载壡于嘉靖十八年(1539年)被立为太子。嘉靖二十八年(1549年)三月十五日,嘉靖皇帝命大臣在太庙为朱载壡举行冠礼，结果第二天朱载壡就得重病暴亡，年仅14岁，被追谥"庄敬太子"。

几个儿子过早离世，对嘉靖皇帝打击很大，他崇奉道教，于是请来道士陶仲文询问原因。道士解释说："'二龙不相见'，皇帝是真龙，皇子是潜龙，潜龙见了真龙心中会畏惧，就容易生病，折损寿命。"

嘉靖皇帝信以为真，从此严格遵守"二龙不相见"的规矩，长期不与健在的两个儿子朱载坖、朱载圳见面。他甚至还将朱载圳送出京城，让他到湖北安陆一带去避"风头"。

庄敬太子朱载壡去世后，按理应当重立太子，但嘉靖皇帝受道士"二龙不相见"一语的影响，不仅不愿见两个儿子，而且一直不愿重立太子。两位皇子都对皇位有野心，更受宠的景王对裕王构成了严重威胁。在这样的背景下，张居正成为裕王的侍读，也是有一定政治风险的。

当然，风险越大，收益也越大。徐阶的安排可谓深谋远虑，嘉靖帝晚年不立太子，以皇子的位序来论，裕王日后必将继承皇位，让张居正成为裕王的老师，日后裕王当了皇帝，那张居正就是佐龙功臣、帝王之师、皇帝亲信了。实际上，这的确是张居正日后入阁拜相最为关键的一步。

张居正没有让徐阶失望，他每次给裕王进讲都引经据典，多方晓谕，言辞恳切，很快就以自己的学识和才干赢得了裕王的赏识和信任，和未来天子建立了深情厚谊。王府中的宦官们也很喜欢张居正，这也为他后来与宦官联手奠定了一定的人脉基础。

嘉靖四十四年（1565年）正月，景王朱载圳病逝，裕王的继位之路变得一马平川，再无阻碍，裕王成了皇位的唯一人选。

严、徐之争的旁观者

在与严嵩漫长的对峙中，徐阶对张居正极为信任，并且重点栽培，不仅安排他接触与自己关系密切的朝廷重要人物，还很注意保护他，不让他暴露在政治斗争前沿，以免他受到伤害及引起严嵩的注意。遇到一些不好解决的事情时，徐阶也经常找张居正来商讨对策，把一些核心机密告诉他。

张居正后来曾经对万历皇帝说："徐阶的一些想法和做法，只有我一人知道，其他大臣都不知情。"

随着徐阶在嘉靖皇帝心目中的地位不断提高,严嵩逐渐失宠,其政治生涯开始走下坡路。

嘉靖四十年(1561年)十一月,西苑失火,嘉靖皇帝居住的永寿宫也被烧毁了,急需修缮。严嵩却认为刚刚修完奉天殿、华盖殿、谨身殿,没有钱再修永寿宫了,建议嘉靖皇帝移居南宫。

嘉靖皇帝一听十分生气,心想:南宫是当年"土木堡之变"后,英宗朱祁镇回銮被代宗朱祁钰囚禁的地方,本来就不吉祥,严嵩让自己移居南宫是什么意思?

徐阶察言观色,揣度嘉靖皇帝的心思,马上说:"皇上,修完三大殿还剩下了不少材料,可以用来重修永寿宫,三个月就可以完工。"

嘉靖皇帝闻言大喜,当即派徐阶的儿子徐璠为工部主事,负责督建永寿宫。嘉靖四十一年(1562年)春,嘉靖皇帝顺利搬进了新建的永寿宫,十分高兴,亲自将宫殿命名为万寿宫。徐阶也被提升为少师,兼食尚书俸。

严嵩虽然恨得咬牙切齿,但也无可奈何。恰巧这时严嵩的妻子又去世了,儿子严世蕃要守丧三年,严嵩一党的头号智囊暂时空位,不能为严嵩出谋划策,因此严嵩难以应付徐阶的步步紧逼。渐渐地，嘉靖皇帝开始冷落、疏远严嵩，从前那些依附严嵩的大臣也见风使舵，纷纷改换门庭，投靠徐阶。

但是徐阶仍然小心翼翼，对严嵩继续保持表面上的客气。在徐阶的授意下，张居正还为严嵩的妻子写了悼文。

为了彻底扳倒严嵩，徐阶利用嘉靖皇帝的迷信，找来了道士蓝道行进行占卜。

在一次占卜中，嘉靖皇帝问道："天下为何还没有大治？"

蓝道行答道："奸臣当道，贤臣得不到任用！"

嘉靖皇帝又问："奸臣是何人？贤臣又是何人？"

蓝道行说："奸臣如严嵩，贤臣如徐阶。"

嘉靖皇帝十分吃惊，将信将疑，继续问道："严嵩既然是奸臣，那怎么没有遭天谴呢？"

蓝道行答道："留待皇上裁决！"

这个回答让沉迷于道教的嘉靖皇帝深信不疑，他又想起了重建永寿宫之事，心里对严嵩更加不满。

徐阶见目的已经达到，紧接着又着手实施下一步的计划——先清除严嵩的得力干将，严嵩之子严世蕃。他把这件事交给御史邹应龙去处理。邹应龙连夜起草奏疏，次日便将奏疏上呈嘉靖皇帝，严厉弹劾严嵩父子。在奏疏的结尾，他振振有词地说："如臣所言有假，愿以死向严嵩、严世蕃谢罪。"邹应龙的舍命攻击取得了成效。

嘉靖皇帝看过奏疏后，龙颜大怒，立即诏令严嵩退休回家，并将严世蕃等人逮捕入狱。徐阶如愿以偿地取代严嵩的位置，继任内阁首辅。

严嵩父子虽然被查办，但是严嵩死党在朝中还有很大的势力。徐阶不敢掉以轻心，积极寻找机会，将严嵩死党一网打尽，彻底铲除。

在严嵩死党的暗箱操作下，严世蕃最后被定的罪名竟然只是贪污了800两银子，被发配广东雷州充军。当然，还有一个原因是嘉靖皇帝念及严嵩十几年来为朝廷竭心效力，不愿深究。

但严世蕃却不知收敛，自掘坟墓，在流放途中公然违令，逃回江西老家。他行事依旧高调，飞扬跋扈、横行无忌。他的同党罗龙文在充军路上趁机逃脱，投奔了倭寇。

嘉靖四十三年（1564年），御史林润上疏弹劾严世蕃，在奏疏中罗列了严世蕃的数十条罪状。

徐阶知道置严世蕃于死地的机会来了，他将林润的奏疏略加修改，只列出严世蕃的三大罪状：一是勾结罗龙文和倭寇、海盗，准备"外投日本"；二是训练私人武装，图谋不轨；三是在充军路上潜逃回老家，大兴土木，修建豪宅，而他建房的地方被发现有帝王之气。

这三条罪状，每一条都让嘉靖皇帝勃然大怒，他当即降旨：严世蕃斩首；严嵩及其子孙贬为庶民，发配回原籍生活；查抄没收严家所有家产，充入国库。据说，查抄人员从严家一共抄出黄金3万余两，白银200多万两，以及其他价值数百万两白银的珍宝、器物。

嘉靖四十四年（1565年）三月二十四日，严世蕃、罗龙文被斩首示众。徐阶乘胜追击，在短短一个月内，罢免严党数十人。

至此，徐阶与严嵩十几年的官场争斗终于落下了帷幕，徐阶成功地为老师夏言、沈炼、杨继盛等人报了仇。在这场政治风浪中，张居正只是作为一个旁观者，保持"中立"态度，隐而不发。

由于家中所有财产都被朝廷查抄，严嵩连个落脚的地方都没有，在过了两年四处流浪的生活后，他在贫病交加中凄惨离世，终年88岁。

严嵩死后,无棺木加身,更无人去吊唁,最后还是张居正出面,写信嘱托江西分宜(今江西分宜县)知县王贻德,为严嵩备一口棺材,将其安葬。事情办妥后,张居正又专门写信给王贻德,说:"听说故相严公已经安葬,这是积阴德的好事啊。如果严公地下有知,一定会感激你。"

嘉靖遗诏的执笔者

严嵩倒台后,徐阶成了一人之下、万人之上的朝廷重臣。他整顿吏治,秉公执政,任人唯贤,一改严嵩乱政后的吏道腐败,使朝廷气象为之一新。

由于长期服用道士、方士进献的用雄黄、朱砂等东西制成的"长生仙丹",嘉靖皇帝的身体受到了严重的伤害,身体状况每况愈下。嘉靖四十五年(1566年)冬天,嘉靖皇帝的病情越来越严重了,于是从西苑搬回紫禁城中的乾清宫居住。

十二月十四日,嘉靖皇帝驾崩,给他的臣民们留下了一个腐朽老迈、苟延残喘的大明王朝。

在古代,皇帝驾崩后,国家要做的第一件事就是发布皇帝遗诏。但皇帝遗诏未必是皇帝自己写的,有时是由其身边的人代为起草。朝廷中的元老重臣通常会借这个机会,代拟遗诏,以革除前朝的一些弊政。

徐阶作为内阁首辅,自然知道这一点,不想放过这个大好机会。按照惯例,皇帝驾崩后,遗诏必须由内阁大臣共同商议拟定。当时内阁中除了首辅徐阶,还有李春芳、高拱、郭朴三位次辅,起草遗诏应该由他们四位共同商议。但是,徐阶却自作主张,只找张居正一人商量。于是,他连夜把张居正叫来,告知他嘉靖皇帝驾崩的消息,并且说:"现在要替皇上写一道遗诏,由我来拟,你来写。"这对张居正来说是天大的知遇之恩,但对其他内阁大臣来说却是奇耻大辱。

这么重要的诏书竟然让自己来执笔,张居正心情十分激动。经过师生二人的反复斟酌、修改,明代著名的《嘉靖遗诏》诞生了。遗诏中称:

"朕作为皇族宗室继承大统,在位45年,在位时间之长,以前从来没有过。这样说起来,又有什么好遗憾的呢!但想到朕远奉圣人之教导,近受皇考之言传身教,本应以尊崇上天、爱护百姓为己任,无奈朕体弱多病,以致过分追求长生,而奸邪小人趁机欺骗,结果天天祷告,年年修建宫殿,对宗庙拜祭不够,礼仪废弛,不仅违背祖宗法制,也违背了朕的初心。后来上天提醒了朕,朕有心改过,然而疾病缠身,无法弥补过错,每每想到这些就深感羞愧、遗憾。

"皇子裕王仁厚孝顺,睿智早成,宜上遵祖训,下顺群情,即皇帝位。让他行德政,不要批评他。朕的丧礼依照旧制,以日易月,二十七天就可以脱掉丧服,以素食祭拜,不要禁止民间娱乐、嫁娶。宗室的亲王、郡王,应以屏藩朝廷为重,不得擅自离开封地。各地官员也不能擅离职守,闻丧之日,就在自己所在地哭丧,三日进香由差官代为办理。知府、知州、知县及土官都不必进香。朕的葬礼和陪葬品,都遵照祖宗的老规矩,根据实际情况适当改变。

"自朕即位至今,因为进谏而获罪的大臣,活着的重新召用,已经去世的给予抚恤,关在牢里的释放且官复原职。至于那些道士,查清罪行,依法处置,斋醮、采买等荒诞劳民之事,一律停办。朕的儿子应继志述事、行善孝顺,大臣们应匡救时弊、尽忠职守。将朕的想法昭告天下,让天下人都知道。"

遗诏中的这些话,并非嘉靖皇帝的本意,而是徐阶和张居正想要表达的政见。他们是要以嘉靖皇帝的名义,对前朝的弊政进行总清理。

实际上,以张居正的官位,根本没有资格参与此事,但徐阶很看重他,所以只找张居正一个人来商议。他们共同的朋友耿定向曾经私下对徐阶说:"您的门生不下千人,但您只器重张居正一人,以重任相托付,真是为天下发现了人才啊!"

第二天清晨,徐阶当朝颁布了遗诏。据说,遗诏昭告天下后,很多文人士子纷纷写文章称赞、讴歌遗诏,无不感动,甚至喜极而泣。不少百姓还燃放鞭炮以示庆祝。这说明遗诏中所说的改革措施是受到天下人支持和拥护的,也从侧面反映出嘉靖皇帝在位期间实施的统治措施不得人心,给百姓们带来了深重的苦难。

接着,徐阶和张居正又共同起草了裕王朱载垕的即位诏书。诏书里面列举了30多条肃清朝纲、拨乱反正的政策措施,包括纠正嘉靖时期斋醮活动、大兴土木、采办珠宝丝织物等弊端,以及对嘉靖朝因建言而获罪受罚的官员实行优待,身体健康者重新起用,老弱病残者则发放抚恤金。

十二月二十六日,在徐阶的安排下,裕王朱载垕顺利继位,改年号为"隆庆"。

一切看起来皆大欢喜,但是有一个人却很不高兴,他就是隆庆帝的老师高拱。高拱与隆庆帝关系很好,他给隆庆帝当了9年老师,忠心耿耿,多次挺身而出救隆庆帝于危难之中。所以隆庆帝对高拱也十分依赖和信任,师生二人情如父子。

高拱在前一年已经由徐阶举荐进入内阁,徐阶这样做是因为高拱曾主持过礼部、吏部的工作,办事干练,又有革新精神,加上高拱与隆庆帝关系非同一般,徐阶希望他在皇位更替过程中起到沟通上下、统一众人意见的作用。但是高拱对于徐阶的鼎力提携并不领情,他自视甚高,进入内阁以后经常挑战徐阶的权威,因此徐阶对他颇为不满。这次拟遗诏时,徐阶撇下高拱,只与张居正商量,这让高拱更加认定他们二人有着不可告人的政治目的,他与徐阶之间的隔阂由此产生。

后来,高拱担任内阁首辅,挟私报复,一步步推翻了徐阶所做的一些工作。

国子监

国子监是中国古代的教育管理机构、最高学府。"国子"泛指贵族子弟,"监"是监管督查的意思。国子监起源于两汉时期的太学,晋武帝司马炎时开始设立国子学,隋炀帝时改称国子监。明代的国子监规模宏大,分南、北两监,分设在南京与北京。南监建于明洪武十五年(1382年),北监始建于元大德十年(1306年),明永乐元年(1403年)进行扩建。

国子监的学生称为"监生",主要学习四书五经,同时也学习律法、术算、书法等课程。国子监的学生来自全国各地,清朝时还接收外国留学生。清光绪三十一年(1905年)设立学部,国子监被取消,从此退出了历史舞台。

冠礼

中国古代男子20岁时举行的成年礼,表示男子到了这一年龄,可以结婚生子,从此作为家族的一个成年人参加各项活动。

冠礼通常选在农历三月、五月、九月,择吉期举行,地点在祖庙,由男子父亲或族中长者主持。加冠时,由来宾为男子梳头、挽髻、加簪、戴冠,加冠结束后由男子父亲或族中长者为男子取字。

天子、诸侯接班人的加冠年龄可以提前到12岁,加冠时还要在冠上加冕,就是通常所说的"冠冕堂皇"的冠冕。

第四章

进入内阁,再显身手

隆庆帝即位后,张居正从礼部右侍郎、吏部左侍郎、内阁大学士一直升到礼部尚书,仕途通达。此时徐阶与隆庆帝老师高拱的矛盾日益激化,最终徐阶选择了离开,高拱回归内阁成为首辅,张居正与高拱合作得还比较愉快。其间,张居正向隆庆帝上疏,提出了整顿朝政的政治主张,可最终不了了之。

最年轻的内阁大学士

隆庆帝登上皇位后,沉迷声色,不思进取,索性当起了甩手掌柜。

幸运的是,当时朝廷中人才济济,文有徐阶、张居正、高拱、杨博,武有谭纶、戚继光、王崇古、李成梁,这些人个个都是忠心报国、独当一面的中兴之臣,全心全意地治理、护卫着大明的万里江山。

所以,虽然隆庆帝在位6年里挥霍无度,荒废朝政,但在这些名臣的努力下,国势有所起色,为之后的"万历中兴"奠定了基础。

作为裕王府的讲官,又是内阁首辅徐阶的学生,张居正的仕途亨通,扶摇直上。

隆庆元年(1567年)正月,张居正被徐阶提升为礼部右侍郎,并兼任翰林院学士。

二月初九，徐阶以"特进"（特予晋升）的方式，破格将张居正提升为吏部左侍郎，并且将他引进内阁，在东阁中供职。此时，张居正43岁，是内阁中最年轻的大学士，多年来的夙愿接近实现了。与张居正同时进入内阁的还有陈以勤。陈以勤是四川南充（今四川省南充市）人，为北宋著名宰相陈尧佐的后代，嘉靖二十年（1541年）考中进士，被选入翰林院，授庶吉士一职，曾经担任隆庆帝的老师。

张居正认为，阁臣对上要辅佐君主治理国家，对下要为群臣作表率，所以身为内阁大臣，就应该有内阁大臣的样子。他虽然是最年轻的内阁大学士，但是平时非常注重自己的言行举止，说话办事很是老练，一切按照朝廷礼仪规则行事。

四月，因为参与重修《永乐大典》有功，张居正被晋升为礼部尚书，兼武英殿大学士。

这段时间，徐阶与高拱的矛盾日益激化。高拱认为自己是穆宗旧臣，有恃无恐，多次与徐阶发生冲突。而且因为遗诏之事，高拱一直耿耿于怀，于是唆使自己的门生、言官齐康以徐阶的家人、子弟横行乡里为由，带头弹劾徐阶。作为

第四章 进入内阁，再显身手

内阁首辅，徐阶得到了朝中大臣的声援和维护，高拱反而受到言官们的攻击。

五月，高拱不得不称病隐退，在一片弹劾声中黯然离开京城，返回故里。

高拱离开内阁后，言官们又对内阁中另一位成员——高拱的同乡、盟友郭朴发起了猛烈的攻击。九月，郭朴也不得不辞职，退出了内阁。

至此，在与高拱的争斗中，徐阶取得了重大的胜利。但是，胜利并没有持续太久，不久后情况又发生了戏剧性的变化，这次要轮到徐阶走霉运了。

隆庆二年（1568年）正月，张居正被加封少保（皇帝为政绩突出的高级官员所加的荣衔，以示恩宠）兼太子太保。这时，内阁成员有徐阶、张居正、李春芳、陈以勤四人，他们彼此都能互相尊重，和睦相处，因此内阁风平浪静，大家都埋首做着各自的本职工作。

谁知这个时候，隆庆帝热衷声色犬马的本性暴露出来了，他搜集奇珍异宝，出宫游玩打猎，在宫中豢养宠物，派侍从寻访天下美女……徐阶见隆庆帝继位不久就荒废政事，奢华无度，于是多次劝谏隆庆帝。可是隆庆帝不但不听，反而冷落、疏远徐阶，到最后干脆不理徐阶了。

一波未平，一波又起，这年七月，兵科给事中张齐又弹劾徐阶。徐阶心灰意冷，加上年事已高，于是提出辞官回家养老。尽管很多大臣极力挽留，但隆庆帝对徐阶经常以国师自居一再劝谏自己十分反感，于是顺水推舟，批准了徐阶的请求。

徐阶动身离京前，特地找来张居正，语重心长地对张居正嘱咐了一番，希望张居正能够以国事为重，担起重任，整顿朝廷事务，同时又将个人家事托付给张居正，由此可见徐阶对张居正是多么的信任和器重。

那么，在徐阶与高拱争斗的时候，张居正在干什么呢？他什么也没干，而是选择了中立和沉默。徐阶离开京城后，张居正可能是感到内心有愧，给徐阶写信说：

"捧读来信，涕泪交加，以我的无能和浅薄，承蒙老师您培育提拔，才有今日。您对我恩重如山，可我却没有一点回报。隆庆元年之事，我选择了中立，没有旗帜鲜明地站在您的一边，这是我的第一个罪过；当朝中大臣构陷您时，我

第四章 进入内阁,再显身手

也没有对各种谗言进行反击,不能剖心以表明老师的忠诚节操,这是我的第二个罪过。"

在这场纷争中,言官的凶悍给张居正留下了深刻的印象,他对言官肆无忌惮地议论和攻击他人的行为持反感态度。

接任内阁首辅的是李春芳,李春芳为人宽厚,礼贤下士,做事循规蹈矩,擅长处理政务,但他的工作魄力不足,缺乏创新精神。张居正在内阁中资历最浅,但他性格清高孤傲,不屑于与人周旋,他也不把李春芳放在眼里,而且他精明能干,话语都切中要害,所以在官员们面前表现得有些傲慢,官员们都很忌惮他。

李春芳在徐阶离开后,有一次与张居正闲聊,感慨地说:"徐公如此能干,尚且被人弹劾,像我这样的人又怎么可能长久待在这个位置上呢?我还是早日致仕为好!"

没想到张居正接话道:"这样倒好,或许还可以保全您的美名呢。"

李春芳闻言感到震惊,或许张居正的话让他有所触动,没过多久他就上书请求辞官。但是隆庆帝认可李春芳,认为他办事稳妥,不急不躁,所以不同意李春芳辞官。

改革序曲：《陈六事疏》

隆庆二年（1568年），明王朝的政治危机和社会危机日趋严重，需要急办的政务大多耽搁，藩王们竞相兼并土地，使纳税的田亩数量急剧减少，国家财政入不敷出，百姓怨声载道，反抗浪潮此伏彼起。与此同时，边境频频告急，整个国家内忧外患，岌岌可危。

眼看国家就要走向分崩离析的境地，张居正忧心如焚，寝食难安。这年八月，经过一番酝酿，他向隆庆帝上呈《陈六事疏》，从省议论、振纪纲、重诏令、核名实、固邦本、饬武备六个方面，提出了整顿朝政的政治主张，把政治希望都寄托在隆庆帝身上。

一、省议论

也就是要少说废话，多做实事。明朝推行言官制度，为此专门设置御史和给事中两个职位，担任这两个职位的官员品级虽然较低，却拥有监督和弹劾百官的权力，气焰十分嚣张。在嘉靖一朝，言官受到过打击，气焰有所收敛，而隆庆帝性格懦弱，在朝堂上与大臣们议论军国大事时，言官们也摇唇鼓舌，说东道西，具体的国策及实施方案都不能确定下来，于是事情久拖不决，最后不了了之。

张居正认为，任何决策都不可能十全十美，只要能做到利大于弊就行了。如果朝廷上下整天陷于无休止的争论中，不仅不利于解决问题，还有可能激化矛盾。所以，他强调"天下之事，虑之贵详，行之贵力，谋在于众，断在于独"，希望隆庆帝能够掌控朝局，整肃朝纲。

二、振纪纲

所谓纲纪，就是教令、法律。张居正看到，嘉靖皇帝在位后期，不理朝政，宠信奸党，使得以严嵩父子为代表的严党们做出了诸多败坏纲纪的行径。他对此十分痛心，希望隆庆帝做事正义公道，重振纪纲。

张居正说，近年以来，纲纪不严明，法律不起作用，大小官员敷衍塞责，互相推诿责任，"以模棱两可谓之调停，以委曲迁就谓之善处"。法律所管辖的，仅仅是微贱小民；有权有势的人违法乱纪，谁也拿他们没办法。所有的法律，只有制定法律的朝廷在执行，下面的官员则践踏法律，毫无畏惧之心。整个官场，因循守旧之风盛行，轻易就能解决的事情总是办不成。

张居正认为，在处理违纪事件时，顺水人情可做，但不能徇私枉法；执行法度应当严厉，但不能过猛，过猛就会伤人，使人不敢提出合理的建议。

张居正还强调，赏罚要公正，决不能徇私乱法。凡是法律应该惩罚的，虽是官僚权贵也不能宽恕；凡是受了冤枉的，虽是平民百姓也必须还其清白，以示公道。

在这一点上，张居正与法家代表人物商鞅、韩非等人有相似之处，比较相信法律严明的效力。

三、重诏令

当时吏治败坏，对官员的考核流于形式。凡有文件下来，官员都会在文件上签上"照办"两字，然后就不了了之。张居正指出，天子的号令，就如疾风霹雳，如果风也不能动，霹雳也不能击，那么连自然的进化也要停滞了。所以，各衙门接到命令后，必须在规定时间内将公务办理完毕。如果完成不了，要书面说明理由，并拿出解决方案。六部要登记造册，官员办理公务的时候要登记，完成公务后注销；没有完成的，要追究相关官员的责任，根据官员完成任务的效率来考评其绩效优劣。

说白了，就是大臣们不要互相扯皮推诿，要多干实事，尽忠职守。张居正后来所推行的"考成法"，便是由此而来。

四、核名实

所谓"名"，就是名誉、声望；所谓实，就是个人处理具体事务的能力。这一条关乎用人之道，那么如何才能做到核名实呢？

张居正说，古今人才的数量和水平应该是差不多的，但他经常见吏部长官慨叹缺乏人才，这都是因为他们选拔人才的时候没有用心考核，以致选拔出来的人才名不副实。

所以，张居正提出要"核名实"，即官员的任免、赏罚，要通过考核名声和实际能力来确定。凡京官三年任职期满，外官六年任职期满，不得随意连任，滥给恩典。吏部要进行精准考核，综合官员各方面的政绩，按照"称职""平常""不称职"的评价等级，调整职位，进行奖罚。

对于各部门的副职，要量才录用，如果正职空缺，就让副职补上，不必从其他地方平调。

当然，考核官员势必会得罪文官集团，张居正去世后遭到很多言官的攻击，与此事不无关系。

五、固邦本

何为"邦本"？张居正认为："民惟邦本，本固邦宁。"也就是说，百姓是一国之本、国家的根基，只有根基牢固了，国家才会安定。

张居正说："去年国家减少一半的赋税，结果收入减少，边防开支又大，国库空虚，不得已派四个御史分头监督地方官员收税，三个都御史（明清两代监察机构都察院的长官）清查整理国库，这虽然是填补国家费用的权宜之计，但是许多百姓受不了这种搜刮。

"我近日听取了地方官的议论，都说这事很难办，因为御史们作为钦差到地方后，目睹百姓们的困苦，内心焦急，又没有别的办法，只好把地方的官库储存调到京城以备国用。这就导致各省省库空虚，遇到水灾、旱灾，只能眼睁睁地看着老百姓冻死、饿死却无法赈济。"

张居正认为，要解决这一问题，需要吏部和户部采取措施，双管齐下。吏部要选拔德才兼备的官员，考察任用以实际工作能力为主，惩治贪官污吏，抄没他们的非法所得以充当军饷；户部则要管理好收上来的钱粮，反思国库亏空的原因。

张居正还希望隆庆帝顾惜民生，体恤民情，凡是不紧急的工程，没有益处的征收摊派，一概停止，让老百姓休养生息，恢复生产。同时他还主张朝廷应厉行节约，崇尚节俭，缩减开支，杜绝浪费。

六、饬武备

这一条是针对北方边防而言的。当时，敌兵频繁侵犯北方边境，但明王朝的北方边防已经荒废很久，很多城墙毁损严重，无法抵御外敌的进攻，因此急需加修巩固。

张居正博览群书，熟知军事，他提出，现在京城的军队有八九万人，如果训练有方，能够对京城形成强有力的拱卫之势。现在守卫京城的军队，最大的问题在于缺乏训练，没有战斗力。而京城距离蒙古不远，如果边境被蒙古骑兵突破，京城就很危险了。所以，他建议皇帝要检阅军队，一是检查将官是否贤能，二是看士兵是勇敢还是怯弱。这样做的好处是，让外敌知道明王朝已加强武备，严阵以待，从而不敢轻易来犯。

张居正的这些主张，揭露了国家现存的种种弊病，并提供了具体的纠正方法，是张居正几年后推行的变法改革的序曲，也是他政治理念的最重要体现。

隆庆帝对张居正的建议表面上倒是持肯定态度，批示说："爱卿所奏之事，都深切时务，从中可见爱卿为了国家，深谋远虑，忠心耿耿。"并指示各部进行研究，拿出整改方案。

很快，都察院、兵部、户部分别对"振纪纲""重诏令""饬武备""固邦本"等建议，提出了具体的整改方案。然而在落实方案的时候，时任内阁首辅李春芳一向求稳，生怕做多错多，不愿有所作为；次辅陈以勤也模棱两可，不作明确表态。加之隆庆帝并不真心赞成张居正的建议，所以不打算将各部提出的整改方案付诸实施。最终，《陈六事疏》所议之事不了了之。

这是张居正继上呈《论时政疏》无果后，又一次被泼了冷水。由此他深刻地认识到，只有掌握朝政大权，才能施展抱负，实现自己的政治理想。

与高拱的合作

隆庆三年（1569年）八月，内阁又增添了一位新成员——赵贞吉。虽说是新成员，但是赵贞吉时年62岁，在内阁所

第四章 进入内阁,再显身手

有成员中年龄最大,资格也最老。

赵贞吉是四川内江桐梓坝(今四川省内江市)人,为南宋孝宗右丞相赵雄之后,嘉靖十四年(1535年)28岁时中进士,起先在翰林院任职,后升任户部右侍郎,由于遭严嵩排挤,愤而辞官回乡讲学。隆庆元年(1567年),隆庆帝重新起用赵贞吉,任命他为国礼部左侍郎兼翰林院学士。

因为赵贞吉才高学博,口才极好,隆庆帝便于隆庆二年(1568年)三月任命他为御前日讲官,同时还让他为皇太子朱翊钧讲学。八月,隆庆帝直接提拔赵贞吉为内阁成员,参与辅政。

赵贞吉性格耿直,他在内阁的排位虽然在张居正之下,但是经常在张居正面前以长辈自居,称张居正为"张子",张居正对他十分不满。同时,张居正对内阁辅臣们无所作为、粉饰太平的表现也感到失望。

隆庆三年(1569年)十二月,由于吏部尚书杨博退休,高拱被穆宗重新召回内阁,兼任吏部尚书,掌握着内阁的实际人事和行政权。张居正高兴地对高拱说:"恭喜高公重新得到起用,日后我们同心协力,世事尚有可为!"

隆庆四年(1570年)正月,新任礼部尚书殷士儋被选入内阁，成为内阁大学士。殷士儋是济南府历城县（今山东省济南市）人，嘉靖二十六年（1547年）26岁时中进士，起初被授为翰林院检讨（负责编修国史、记录皇帝的起居言行），担任裕王朱载坖（即现在的隆庆帝）的日讲官，后历升侍读学士、礼部和吏部右侍郎、礼部尚书。

殷士儋刚刚进入内阁，还不知道内阁里水的深浅，与高拱也没什么利益冲突，一时间倒也相安无事，他每日尽心尽力地做着自己的本职工作。

而此时，赵贞吉与高拱的关系变得紧张起来，渐渐到了水火不相容的地步。

赵贞吉在内阁成员中年纪最大，资历最老，而且担任过隆庆帝的老师，因此根本不把高拱放在眼里，平日里对高拱横眉冷对。而高拱也担任过隆庆帝的老师，这次又得到隆庆帝提拔，重返内阁，还担任吏部的一把手，可以说是隆庆帝身边的"红人"，他哪里受得了赵贞吉的刁难？赵、高二人彼此心知肚明，谁也看不起谁，在处理政务时经常争吵，互不相让，搞得内阁气氛很紧张。

年纪比赵贞吉稍小，年近花甲的陈以勤见此情景，联想到以前徐阶与高拱的争斗，觉得内阁是个是非之地，不宜久

第四章 进入内阁，再显身手

留，加上他年事已高，精力衰退，因此萌生了退隐之心。

七月，陈以勤以自己年老体衰、身体有病为由，辞官回南充老家。陈以勤离开后，高拱又发动依附于自己的言官弹劾赵贞吉，说他倚老卖老，傲慢骄横，争强好胜，理政无方。隆庆帝也认为赵贞吉有失做人臣的体统，就批评了他几句，要他自我反思，注意检点自己的言行。

赵贞吉觉得自己丢了面子，一气之下上疏隆庆帝，请求辞官归乡。隆庆帝批准了他的请求。十二月，赵贞吉被解除一切职务，于次年初返回家乡。

在内阁供职多年的李春芳见短时间内内阁接连走了两人，也有了急流勇退之意。高拱的野心和为人，李春芳是知道的，他心中暗想：如果高拱要对付自己，自己怎么可能招架得住？而且高拱与隆庆帝的关系非同一般，自己无法与高拱相争，若不主动隐退，日后恐怕也要跟着遭殃。

李春芳越想越害怕，于是以身体多病为由，连续五次上疏，请求回家养老。隆庆帝一再挽留李春芳，但见李春芳连续不断地上疏，知道李春芳已经吃了秤砣——铁了心，于是就批准了他的退休归隐。

隆庆五年（1571年）五月，隆庆帝赐给李春芳一辆马车，派人护送他回乡，并诏令当地官府按月馈赠他俸禄。

李春芳走后，高拱自然就成了内阁首辅。

高拱对张居正态度很好，没有因为张居正与徐阶的关系而迁怒于他。两人都才能出众，彼此惺惺相惜，所以在这段时期，他们相处融洽，团结合作，处理了不少重大政事。

隆庆五年（1571年）十二月，高拱六十大寿，张居正还写了两篇贺寿文，将隆庆帝比作周成王，高拱比作周公，他自己则是召公，同时对高拱在军事改革、疏通漕河、恢复海运等方面的功绩给予了高度评价，称他是当之无愧的"救时良相"。

施巧计解除边关危机

张居正入阁后，与高拱在治国理念上志同道合，各项工作配合默契，还意外得到了一个缓解明朝与蒙古土默特部落关系的机会。

隆庆四年（1570年），蒙古土默特部首领俺答汗的孙子把汉那吉因家庭纠纷投奔明王朝，张居正认为可以趁机用

第四章 进入内阁，再显身手

把汉那吉交换白莲教教主赵全，以缓解长期以来北方边境兵戎相见的紧张局势。

赵全是雁北地区的白莲教首领，于嘉靖三十三年（1554年）正月叛逃到河套丰州地区（今内蒙古五原县南），投靠俺答汗，伙同俺答汗频繁侵犯明朝西北边疆，烧杀抢掠，成了明王朝的心腹大患。

张居正向高拱说了自己的主意，高拱表示赞成，两人决定利用这个机会一举铲除赵全。

张居正将内阁的意见写信告知宣大总督王崇古、大同巡抚方逢时，要他妥善安排把汉那吉。

同时，张居正还授意王崇古、方逢时，要他们上疏劝说隆庆帝接受把汉那吉的投降。很快，王崇古便制定了上、中、下三策上报朝廷。三策内容如下：

上策，优待把汉那吉，许以高官厚禄，如果俺答汗到边塞来带回把汉那吉，就要求他将赵全等白莲教头目绑缚送来。

中策，如果俺答汗态度强硬，兴兵动武，不愿交出赵全，那就威胁他要杀死把汉那吉。

下策，如果俺答汗对把汉那吉的死活无动于衷，那就效法汉代在乌桓（中国古代北方游牧民族之一，主要活动于今天的辽宁、吉林、内蒙古自治区部分地区）设置属国的做法，让把汉那吉招徕旧部，充当明朝守边夷人，等俺答汗死后再确定其去向。

对于俺答汗能否答应明朝廷的要求，张居正其实没有什么把握，毕竟在与明王朝的对抗中，俺答汗很少打败仗。

幸运的是，俺答汗还是很疼爱把汉那吉这个孙子，把汉那吉投降明王朝后，他一直担心孙子会被杀掉。抚养把汉那吉长大的俺答汗之妻伊克哈屯更是日夜哭泣，并痛骂俺答汗道："你真是老糊涂啊，相信赵全的话，要去攻打明军，明军兵强马壮，哪能轻易得手？这不是要我孙儿的命吗！"

所以，当方逢时派出译者鲍崇德去跟俺答汗交涉，向俺答汗索要赵全时说："我从未想发动战争，战争都是赵全他们挑起的。现在我的孙子归顺了大明，这是上天要我们与大明和好。如果大明天子能封我为王，我发誓永守北边，不敢再生边患。即使我不幸死去，我的孙子袭封王爵，他接受了朝廷的厚恩，又怎么忍心背叛呢？"

其间，巡按御史姚继可在巡视宣府、大同时，听到王崇古、方逢时二人要与俺答汗议和的风声，马上上疏指控方逢时通敌。

"通敌"的罪名可不小,张居正连忙写信给王崇古,让他稳住方逢时:"姚继可胡言乱语,你听到后不要有顾虑,更不要灰心。我可以向你保证,皇上和高阁老都支持你们,此事已定。"

方逢时这才定下心来,继续与俺答汗进行谈判。

十一月十九日,俺答汗按照约定,将赵全、李自馨、王廷辅、张彦文等人送至大同左卫(今山西省左云县)。

当赵全等人被装进囚车送往北京时,王崇古也依约将把汉那吉送了回去。俺答汗重新见到孙子,因为内心有愧,抱着孙子痛哭流涕。

明王朝不费吹灰之力,就顺利除掉了一群长期祸患边境的奸臣,朝野上下无不拍手称快。事后,王崇古升任太子少保、兵部尚书;方逢时升任兵部右侍郎。

把汉那吉平安回去后,俺答汗感动于王崇古的诚意,特地派人向他致谢,并且表示:"愿世代为明王朝外臣,上贡地方特产。"

隆庆五年(1571年)二月,王崇古将俺答汗封贡开市的要求上奏朝廷。

所谓"封贡",是明王朝封少数民族首领为官,少数民族向明王朝进贡地方特产,明王朝则赐给一些金银财宝和日用品;"开市"则是在边境地区设立贸易市场,方便边民做生意,换取生活必需品。这样一来,双方的战争状态也就解除了。

对于俺答汗来说,率兵入侵明朝北方边境其实也只是为了抢掠一些财物而已,他并不想真正与明王朝为敌。如果可以与明王朝封贡称臣,开展互市,得到大明这个靠山,对他还是很有利的。

但是,当时很多大臣都把与外族议和当成奇耻大辱。所以,当隆庆帝在朝会上商议此事时,英国公张溶、户部尚书张守直等人便强烈表示反对。

户部尚书张守直言辞激烈地说:"俺答汗能代表整个草原吗?如果允许他封贡互市,而其他部落仍不安宁,那岂不是白费功夫?爵位是国家的珍贵之物,不可轻易授人,谁主张封贡,谁就应保证封贡之后,边境一百年不能有战事。"

张居正说:"先帝在世时,俺答汗屡屡攻击边防,甚至兵临京城之下,能否有一年平安无事?我们不能保证百年之事，俺答汗也不能，您能吗？

张守直一时无言以对。这时，工部尚书朱衡慢条斯理地表示："封贡倒也可以，但互市风险太大，我坚决不同意。

有几位御史纷纷附和说："先帝在世时，大同总兵仇鸾不敢和俺答汗开战，主张开马市，结果呢，最上乘的丝绸和大米换来的居然是劣马。今日王总督再次提议开马市，难道是觉得我大明又缺劣马了吗？"

"如果不是先帝英明果断，下令取消马市，我大明还不知道要吃多大的亏呢？先帝为此还下令，谁敢再提开马市，杀无赦。王总督这是想要以身试法吗？"

张居正不慌不忙，有理有据地反驳道：如今我北方有大军防守，又有大将坐镇，封贡互市的好处显而易见：一是可以停止战争，让边民过上太平日子；二是可以继续积蓄力量，如果俺答汗背信弃义，随时可以派兵打跑他们；三是允许对方投降，显示我大明胸怀如江海，这有很好的示范作用。"

定国公徐文璧、吏部右侍郎张四维等人也认为封贡互市的做法可行。朝堂上两派各持己见，争议不休，最终还是没有一个定论。

王崇古感到压力巨大，一度想要放弃促成此事。但张居正写信鼓励他说："封贡是朝廷稳定边疆的大政方针，现在朝廷中有些人鼠目寸光，不看长远，只计较眼前的一点利益，不要理会他们，我将全力支持你。"

于是，王崇古再次上疏说："如果朝廷允许俺答汗封贡，北部至少可以有几年的太平日子，我们抓住这个和平时期加紧训练精兵，就算俺答汗反悔也不用害怕。"

于是隆庆帝再次召集大臣们商议，反对的声音仍然不小，最后投票表决，有27人赞成，17人反对。

张居正趁热打铁，对隆庆帝说："臣认为情况已经明朗，请皇上定夺。"

隆庆帝说："既然如此，那就少数服从多数，拟旨准行吧。"

隆庆五年（1571年）三月二十八日，隆庆帝下诏封俺答汗为"顺义王"，开放11个边境贸易地点。从此，从宣府到甘肃长达数千里的长城线上，和平贸易取代了残酷的战争。通过封贡互市，明王朝的北方边境赢得了百余年的和平。

这一大好形势的出现,张居正功不可没,而这也为他后来实行的"万历新政"提供了平稳安定的外部环境。

明王朝与俺答汗和解后,张居正也不敢大意,多次写信给王崇古,要求他及时修缮城堡,训练军队,严加防范,确保万无一失。

《永乐大典》

《永乐大典》是明成祖朱棣下令，由太子少师姚广孝、内阁首辅解缙主持修纂的一部大型类书。永乐二年（1404年）开始修纂，书修成后呈给明成祖，明成祖阅后赐名《文献大成》。由于对《文献大成》不太满意，永乐三年（1405年）明成祖又命令姚广孝、解缙等人组织人员重新修纂，于永乐五年（1407年）定稿。明成祖阅后甚为满意，亲自作序，定名为《永乐大典》。

全书规模巨大,卷帙浩繁,总共 11095 册,22937 卷(其中仅目录就有 60 卷),约 3.7 亿字,汇集的古今图书有七八千种之多,保存了 14 世纪以前中国政治经济、哲学宗教、历史地理、文学艺术等方面的重要文献,是中国古代最大的类书,被英国《不列颠百科全书》称为"世界有史以来最大的百科全书"。《永乐大典》正本下落不明,目前只有副本 400 余册散落世界各地。

言官制度

言官制度是中国古代一种特殊的官员选拔和监察机制,起源于汉朝,一直延续至清朝。言官由皇帝直接任命,包括监官、谏官两种,监官负责代表皇帝监督各级官吏的行为;谏官负责指出皇帝的过失,并对皇帝直言规劝。明朝的言官遍布全国各地,他们虽然品级不高,但拥有很大的权力,从皇帝到各级官吏,从中央到地方官署,从国家大事到社会生活,都在言官的监察和言事范围之内。言官不仅可以弹劾任何一位官员,有时甚至可以弹劾皇帝本人。

给孩子读的中国先贤故事：张居正

凤阳高墙

  凤阳高墙位于安徽省凤阳县，是明成祖朱棣派人修建的专门用来关押违法犯罪的宗室王爷和皇族子弟的监狱。高墙长达百丈，墙上设有门楼、敌台，墙外挖有深沟，由凤阳守备太监掌管门禁钥匙，并有军队驻扎，看管严格。当王爷、皇族子弟被送到凤阳高墙囚禁时，其家属也一同被关押在这里，有的甚至好几代人都不能获得自由，在这里过着与世隔绝的生活，直到死亡。

第五章 万历首辅，帝王之师

高拱回归内阁后，大权独揽，排斥异己，引起张居正等朝中大臣的不满。张居正与东厂太监冯保结盟，在隆庆帝去世后设计驱逐了高拱，并如愿以偿地当上了内阁首辅。万历小皇帝生母李太后对张居正礼敬有加，将国事和小皇帝的教育都托付于他，张居正开始以首辅和帝师双重身份执掌朝政。

万历皇帝即位

高拱复出、重回内阁后,选贤任能,大胆改革吏治,注重培养人才,在朝政上多有建树,明王朝的社会危机一度得到缓解。

高拱在内阁稳住阵脚后,开始将矛头指向徐阶,迫使徐阶远走他乡。接着,高拱又将殷士儋排挤出内阁。这样,内阁中就只剩下高拱、张居正两人了。

张居正担心高拱寻自己的岔子,让自己成为第二个"殷士儋",便结交东厂提督太监冯保,与其结为盟友。

冯保在嘉靖朝时担任司礼监秉笔太监,是内廷的第二号人物。隆庆帝继位后,冯保任东厂提督兼管御马监事务,还担任隆庆帝之子朱翊钧的大伴(皇帝小时候的玩伴)。但冯保不甘心只当东厂的主管提督太监,一心想要当司礼监掌印太监。

司礼监设于明太祖洪武十七年（1384年），是明朝内廷管理宦官与宫内事务的"十二监"之一，在当时有"第一署"之称。司礼监中的太监分为提督、掌印、秉笔、随堂等太监，其中掌印太监地位最高，有批红权，人称"内相"。

冯保知书达理，擅长抚琴和书法，学识涵养在太监中算是最好的，深得嘉靖皇帝宠信。论资历和学识，冯保在诸太监中最适合担任掌印太监，但高拱担心冯保权力过大会对自己不利，故意把他晾在一边，先后举荐御用监的陈洪、尚膳监的孟冲担任掌印太监，使得冯保的愿望一再落空，冯保因此对高拱大为不满。

张居正得知冯保与高拱之间曾发生过不愉快的事情，于是暗地与冯保联络，冯保对张居正颇为欣赏，也有意与张居正结交。二人从此交好，成为朝廷中的一对"政治搭档"。

张居正与冯保结盟后，经常将自己的主张通过冯保以皇帝批示的形式发出。高拱对于张居正、冯保两人的密切往来也有所察觉。为了约束张居正，他在隆庆六年（1572年）四月向隆庆帝举荐前礼部尚书高仪担任内阁成员。隆庆帝批准了高拱的举荐，任命高仪为文华殿大学士，进入内阁办事。

不久隆庆帝病重，冯保让张居正预先拟好遗诏。五月的一天,隆庆帝在临朝的时候突然站不起来,也说不出话,看上去好像是中了风。随后,隆庆帝在病榻前托孤,口拟遗诏,命高拱、张居正、高仪三人为顾命大臣,共同辅佐太子朱翊钧执政。

隆庆六年五月二十六日(1572年7月5日),隆庆帝驾崩,时年36岁。

隆庆帝驾崩后,冯保利用自己跟隆庆皇后、太子朱翊钧生母李贵妃的太子的亲密关系,取代孟冲,当上了司礼监掌印太监。他还假传遗诏,让自己与内阁大臣一起成为顾命大臣。

六月初十,在高拱、张居正、高仪三位顾命大臣的安排下,经过了一系列的烦琐礼仪后,年仅10岁的太子朱翊钧即位。朱翊钧发布诏书,改年号为"万历",所以后世也称他为"万历皇帝"。

从次辅到首辅

万历皇帝即位当天,高拱就迫不及待地上呈《陈五事疏》,中心意思是皇帝要临朝听政,与群臣议处国事,限制司礼监的权力，所有奏章须发送内阁预先拟票，杜绝内批留中（皇帝将各地奏章留在宫中，不批阅回复，也不交给大臣商议）。

万历皇帝让冯保将高拱的奏疏转交内阁议处。冯保没有照办，而是利用自己的批红权在高拱的奏疏上批上"知道了，遵祖制"六个字，然后将奏疏还给高拱。

高仪这时正生着病，得知高拱上疏之事，不愿卷入权力斗争的旋涡，当天就请了病假，回家休养。

高拱不愿罢休，马上又上了第二疏，希望万历皇帝将奏疏转给内阁，由内阁票拟谕旨，万历皇帝表示同意。冯保无奈，只得将奏疏发给内阁。高拱大喜，当即代万历皇帝草拟批语："已阅，所奏之事对时政甚为有益，众爱卿忠心可嘉，一切就按你们所说的办。"

随后，高拱又让六科（指吏科、户科、礼科、兵科、刑科、工科）给事中程文、十三道（指湖广道、江西道、河南道、浙江道、广东道、福建道、山东道、山西道、四川道、云南道、贵州道、广西道、陕西道）监察御史刘良弼等人联名弹劾冯保，声言冯保对隆庆帝的死负有直接责任，要求万历皇帝严惩冯保。

第五章 万历首辅，帝王之师

紧接着，给事中雒遵、陆树德等人也上疏弹劾冯保，痛陈宦官弄权的弊端。为了防止冯保将奏疏扣押不发，高拱要求上疏者将奏疏副本送至内阁，由辅臣斟酌处理，再告知皇上执行。

受到众官弹劾，冯保慌了，连忙去找张居正商议对策。张居正向冯保透露，在隆庆帝驾崩的当天，高拱曾在内阁中说过一句话："10岁的太子，如何能治理天下！"张居正让冯保将高拱的这句话传给两位皇太后——嫡母陈太后与生母李太后。

冯保马上跑到两位皇太后那儿添油加醋地说道："两位太后，高拱阳奉阴违、忘恩负义！先帝临终时将太子托付于他，他却说10岁的孩子怎能做天子！"

两位皇太后闻言大惊："高拱这是什么意思？"

冯保又借题发挥，说高拱欺小皇帝年幼，眼中根本就没有小皇帝，心怀不轨。

冯保还一脸委屈地诉说道："高拱弹劾我，是想排斥我，将我从宫中赶走，他好大权独揽，凌驾于两位太后、皇帝和百官之上，为所欲为。"

冯保在宫中多年，平日里对两位皇太后侍奉得极为周到，深得两位皇太后的宠信。现在冯保向她们"掏心窝",她们自然是深信不疑。两位皇太后决心对高拱予以严惩,以绝后患。

六月十六日,万历皇帝继位的第七天。这天凌晨,宫中对外传话,皇上要在会极门召见群臣,内阁、六部等各部大小官员务必在早朝时分全部到场。

高拱喜形于色,以为皇上将要宣布驱逐冯保的旨意。高仪则担心惹祸上身,仍然以身体有病为由,告假待在家中。张居正前几天到天寿山(位于北京昌平区北部)视察隆庆帝的陵地,因为天气太热,回来的路上中了暑,正在家中休养,所以姗姗来迟。

官员们来到会极门,既没看到万历皇帝,也没看到两宫皇太后。正当众人惊疑之际,太监王蓁捧着圣旨出现,高声喊道:"高阁老接旨!"

高拱一听就知道大事不妙,因为他是内阁首辅,按理应当由他带领群臣接旨才对。他来不及多想,王蓁已开始一字一句地宣读圣旨:今有大学士高拱,专权擅政,夺朝廷威福自专,通不许皇帝主管,不知意欲何为?我母子日夕惊惧。着高拱回籍闲住,不许停留……如再有这等的,处以典刑。

高拱听了,如五雷击顶,浑身汗如雨下,伏在地上不能起来。他万万没有想到,事情居然会变成这样。在一旁的张居正将他扶起来,然后派人把他送回家。

第二天一早,高拱来到宫门口拜别万历皇帝,随后带上行李,和几名奴仆、婢女坐上一辆骡车离开了京城。冯保派出几名骑兵跟在后面驱赶,赶出京城后还将他们的行李抢夺一空,几名奴仆、婢女惊吓得抛下高拱,四散逃命。

高拱只好放弃乘坐骡车,坐上了驿站的豪华车辆朝着家乡方向驶去。想当初,自己位居内阁首辅,发号施令,风光无限。而如今,自己官职被削,仓皇离京,沦为庶民,权力、威风、富贵顷刻间烟消云散。想到这,高拱悲从心起,暗自垂泪。到达良乡时,只见一名官吏带着文书追了上来,原来是张居正特地派人送来的通行证。

高仪听说高拱的遭遇后,惊惧万分,担心祸及自己,结果病情急速恶化,没几天就吐血而亡。

高拱走了,高仪也死了,张居正当上了内阁首辅。这一年,张居正48岁。

当上首辅后,张居正立即为徐阶平反昭雪,徐阶的长子、次子官复原职,徐阶终于过上了平静的晚年生活。

对于徐阶,无论其处境如何,张居正始终尊其为师,感念其知遇之恩。

万历十年(1582年),张居正病危,恰逢徐阶80寿辰,张居正在病榻上想起自己改革所取得的政绩,心中颇感欣慰,于是亲自起草《少师存斋徐相公八十寿序》,将改革的功劳归于徐阶的教导:"人们都说是我能干,却不知道是我接受了您的教导。"

张居正还向万历皇帝上书说:"徐阶作为世宗朝的辅相,在严嵩之后矫枉趋正,澄浊为清,一时朝政清明,四海安定……如今他80岁了,应该加以优典。"

于是,万历皇帝派使臣前往松江探望问候徐阶,并赏赐白金蟒币,任命徐阶少子为中书舍人(内阁中书科中负责起草诏书、书写敕书、银册、铁券的文官)。

严苛的帝王师

隆庆六年(1572年)六月十九日,万历皇帝在平台(即今故宫后左门)单独召见了张居正。这也是张居正以内阁首辅的身份第一次朝见万历皇帝。

一见到张居正,万历皇帝就对他说:"先帝在世的时候,经常对朕说,先生是忠臣。从今往后,还有劳先生尽心辅佐。"

张居正得到万历皇帝的嘉勉,感激涕零,跪伏于地,朗声说道:"臣受先帝厚恩,接受先帝托付,不敢不竭力尽忠,以图报效。如今国家的大政方针,重点在于遵守祖宗旧制,不必急于更改。至于勤于学业、亲近贤臣、仁爱百姓、节省开支,是身为人君必须要做到的。"

"先生说的是!"万历皇帝点点头,表现出很听话的样子。

张居正又关切地说:"现在天气炎热,希望陛下注意饮食起居,保重龙体,这才为万民之福啊!"

第二天,张居正便迫不及待地向万历皇帝上呈《谢召见疏》,表明自己的忠心:

"为臣之道,必须出以公心,不谋私利,才称得上忠诚。臣自小受到师长的教诲,对此烂熟于心。步入仕途以后,兢兢业业,未尝有堕落之举……我将以区区之身,竭尽全力,谨守祖宗旧制,不敢以主观臆测而随意变更;为国家爱惜并培养人才,不敢用私心好恶来取舍。这也是臣忠于陛下的本分。"

同时,他也表明了自己对小皇帝的期望:"愿陛下不忘先帝治理国家的艰难,不负先帝重托,勤学修德,视朝理政,亲贤远奸,使君臣一心,成就'雍熙之治'。"

作为内阁首辅,张居正除了主持朝中政务,还有一项重要任务,就是教导万历皇帝读书。他既当过隆庆帝的老师,如今又成了万历皇帝的老师,所以也被称为"两代帝师"。

当皇帝的老师,名义上好听,实际上却不好当。因为皇帝是不能打也不能骂的,这就要求老师不仅要有学问,而且还要有好脾气,也就是智商、情商都要高。

不过,这对于张居正来说都不是问题,他教育万历皇帝还是很有一套方法的。

张居正不但亲自讲经筵,而且不分寒暑地辛苦讲经,一共举行过72次经筵、551次日讲。这些经筵和日讲,万历皇帝全都参加了。

为了万历皇帝能够听明白自己所讲的内容,张居正还取唐太宗"以古为鉴"之语,亲自为万历皇帝编写了一部启蒙读物——《帝鉴图说》。他结合历代典故和政治伦理,写成一个个小故事,包括明君故事81个、昏君故事36个,配上形象的插图，目的是让万历皇帝"视其善者，取以为师；视其恶者，用以为戒"，励精图治，做一个圣明的君主。

万历皇帝对《帝鉴图说》爱不释手。有一次，他在读《帝鉴图说》时，看到书中有一处说宋代的仁宗皇帝不喜欢珠宝，便说："国家真正的宝贝，是德才兼备的人才，而不是金银财宝。"

张居正听了十分高兴，马上引导说："贤明的君主把五谷看得很贵重，而把金玉看得很轻贱。这是因为，五谷能养人，金玉饿了不能吃，冷了不能穿，一点点的金玉却价格昂贵，实要是浪费民财，当然不能看重。《尚书》里说'不作无益害有益，不贵异物贱用物'，说的就是这个意思啊！希望陛下能够记取这一点。"

万历皇帝说："确实如此。宫里的女人都喜欢珠玉，也喜欢化妆打扮。每到年末，朕赏赐她们东西时，很注意节省，她们就抱怨说：'这能花得了多少钱啊！'朕就回答她们说：'你们晓得吗？现在国库里才存有多少啊！'"

张居正点头赞许道："陛下有此仁心，是天下苍生之福！"

总的来说，张居正和万历皇帝这对师生的关系一开始还是很和谐的，万历皇帝也对张居正也是敬重有加的。有一年冬天，张居正给万历皇帝上课，万历皇帝看到张居正站在大殿冰冷的方砖上，连忙让人拿来毛毡，铺在张居正的脚底下。夏天天气炎热，万历皇帝又让太监、宫女给张居正扇扇子，张居正也十分感动。

万历二年（1574年）五月八日，万历皇帝听说张居正腹痛，亲自调制了一碗辣面，并让次辅吕调阳陪张居正一起吃，希望以辣热医治好张居正的腹痛。听说张居正的父母都还健在，万历皇帝非常高兴，赐给两位老人很多东西。

但是，随着时间的推移，万历皇帝开始对张居正由敬重变成了畏惧。

为了让万历皇帝成才，将来当个好皇帝，张居正对他的学习抓得非常紧，给他定的学习任务也很重。

有一次，万历皇帝认真地写了八个字——"弼予一人，永保天命"，准备送给张居正。万历皇帝的意思很明白：有先生在，大明江山无忧，这也算是古代皇帝对大臣的最高评价了。不料张居正却不领情，回复道："陛下应该把精力放在审阅大臣奏疏，讲求国家治理之道上面，在书法上不必追求过高。当年宋徽宗的书法独步天下，结果玩物丧志，成了亡国之君。陛下应引以为鉴啊！"

第五章 万历首辅，帝王之师

万历皇帝被当头浇了一盆凉水，从此不再沉迷书法，并主动要求取消了书法课。

李太后作为万历皇帝的生母，全力支持张居正对小皇帝的严格管教。因为李太后的信任和支持，张居正对待万历皇帝更加严格，加上他性格本来就比较强势，所以在万历皇帝面前总是板着一张脸，生怕稍一放松就会让这位小皇帝误入歧途。

大多数时候，万历皇帝还是听话的，至少表面上是如此。在张居正的尽心辅导、李太后的严格管教以及他本人的刻苦努力下，他的学问日渐增长，以至于他自己后来也很得意地说："朕5岁就能读书。"

万历六年（1578年），万历皇帝大婚，李太后从乾清宫搬回慈宁宫居住。离开之前，她嘱咐张居正："哀家不能再早晚照护皇上了，担心他不像从前那样认真求学，勤于政务，有负先帝嘱托。先生曾经受先帝遗命，和其他大臣不同，望您仔细教导，不负先帝对您的信赖！"

从此，李太后将监护万历皇帝的责任完全移交给了张居正。而张居正也有了双重身份——既是万历皇帝的老师，又是万历皇帝的监护人。

东 厂

中国明代的特务机关,明成祖于永乐十八年(1420年)设立,原称"东缉事厂",厂址位于明都城京师(今北京)东安门之北,也有说位于东华门旁边。东厂首领由皇帝宠信的宦官担任,东厂的职责是监察朝廷官员、社会名流、士子学者,负责收集情报,侦缉、逮捕逃犯。

东厂官员的权力大于锦衣卫,他们只对皇帝负责,可以不经司法机关批准,任意监督、缉拿臣民。明朝中后期，东厂、西厂（明宪宗时设立，明武宗时撤除）与锦衣卫并列，合称为"厂卫"。厂卫互相勾结，大兴冤狱，陷害、诬杀正直大臣，制造了大量的冤假错案，从而激化了明末的社会矛盾，加速了明王朝的崩溃。

拟 票

又称"票拟""票旨""拟旨"等，是明清时期的一种政府公文处理程序。其具体流程是：来自全国各地的奏疏在送呈皇帝批阅之前，先由内阁学士用墨笔在浮票（粘贴在文稿或书本上注明批改意见，可以随时揭去的小纸条）上批答，然后将浮票连同奏疏一起进呈皇帝朱批。

拟票制度的出现，减轻了皇帝的工作量，给了皇帝懒政的机会，这也是嘉靖皇帝、万历皇帝在执政后期长期不上朝议政的原因之一。清朝设军机处后，重要奏章改用奏折，拟票制度被废除。

雍熙之治

"雍熙"是宋太宗的第二个年号,共使用四年(984年—987年),"雍熙之治"是指宋太宗在雍熙年间推行的一系列政治、军事、经济、文化政策。这些政策的实施,对于北宋初期的社会稳定和经济繁荣起到了积极的推动作用。

后来,"雍熙之治"用来指代和乐太平、盛大繁荣的景象。明万历二十六年(1598年)状元赵秉忠的状元卷中,就有"错综万机,有以致雍熙之治"之语。

第六章

变法革新,中兴元勋

在新旧朝更换之际,张居正运用政治手腕,驱逐政敌,掌握朝政大权,成为朝中说一不二的人物。待一切走上正轨后,他便开始了大刀阔斧的改革,颁布考成法、清丈田亩、实施一条鞭法、加强边镇防务、整顿驿站……这些改革措施都取得了显著的效果,开创了万历初年的中兴局面。

考成法的"三本账"

多年来,张居正以救时匡世为己任,一直渴望能够实现自己的政治抱负,革新陈旧制度,扫除政治腐败,使整个国家面貌焕然一新,重现盛世时代。只不过他人微言轻,除了徐阶等少数几个大臣外,朝廷中没有多少人瞧得起他,认可他的"救国良方"。嘉靖皇帝对他更是态度冷漠,这让他空怀一腔热血却报国无门,内心郁闷不已。

而如今,他成了一人之下、万人之上的大明内阁首辅,大权在握,朝臣中没有人能够和他对抗。而万历皇帝年幼,还不能正式执政,在国事上要请教、听命于他,皇太后也非常信任、支持他。张居正清楚地认识到,推行改革,实现自己政治抱负的时机成熟了。

万历元年(1573年),张居正写信给他的恩师李元阳,谈到了当前国家出现的一些危机,指出朝廷中现在人浮于事,官吏们敷衍塞责，互相推诿责任，办事毫无成效，必须加以整治。他对李元阳说："愿以深心奉尘刹，不予自身求利益。"语气坚定地表明了自己为报效国家、整顿吏治而不计自身利害的志向，由此他也拉开了变法革新的大幕。

明王朝到嘉靖后期，官僚争权夺势，玩忽职守，统治机构几乎瘫痪。从政将近30年的张居正，对明王朝统治机构的腐败情况可以说了如指掌，因此，他决定从整顿吏治开始推行改革。

此前，海瑞、高拱、庞尚鹏等官员，在吏治、边防、财政等方面也进行过一些改革，但是力度不够，不成气候。如今张居正得到了皇帝、太后以及宦官冯保的支持，又完全掌握着内阁大权，所以改革的力度自然也就更大了。

张居正认为，立法不是难事，难的是让法律得到良好的贯彻执行；倾听谏言不是难事，难的是纳谏后要有实际行动。如果朝廷没有综合考核官员的意识和制度，官员又怀着敷衍塞责的想法，那么就算是尧、舜做君主，大禹、皋陶来辅佐，恐怕也很难做出成绩来。

针对官员不求实效、办事效率低下的积弊，张居正创造性地提出了"考成法"，主要方针是：尊重皇帝的权威，要求官吏恪尽职守，赏罚严明，号令统一。万历元年（1573年）六月，他向万历皇帝上疏，"请随时考成"。十一月，万历皇帝批复："所奏均依议而行。"

所谓"考成"，即考察官员办事的成效，相当于现代行政机构中的绩效考核。过去朝廷下达的命令，没有人检查落实的情况。张居正决定改变这一现状，首先赋予吏、户、礼、兵、刑、工六科监察职能，以六科控制六部，以六部控制各省抚按，再以内阁控制六科。对于要办的事，从内阁到六科，从六科到衙门，层层考核，做到心中有数。

具体的做法是：官员办理事情前，事先设定好完成期限，分别登记在三本账簿上，一本由六部和都察院留作底册，一本在内阁备查，一本送到六科。六部和都察院对官员承办的事情逐月进行检查，完成一件，注销一件，若有积压的事项，各科要登记上报朝廷，等候安排。

比如某地河堤需要重修，内阁首先报请皇帝批准，然后将皇帝的圣旨送到通政司，再由通政司转到地方官员手上，层层领旨，每一层级的官员都要在账簿上写明准确的时间。第三年考察时，官员要拿出自己的账簿，查看是否按时按质完成了任务。按时并且高质完成任务的，不但有奖金，而且还能升官；没有按时完成的，要降职；拖延完成的，留任并给予警告；搞砸的，要承担责任，免职处理。

考成法颁布以后，各部闻风而动，迅速制定了一系列的措施，并贯彻执行，取得了不错的成效。张居正与山东巡抚李世达谈到整顿吏治的进展情况时，对考成法充满了信心，说："只要坚持执行考成法几年，便可以做到不加赋税，而国库充足。"

张居正还特地做了冯保的工作，要求他约束部下，不要干预六部的工作，避免宦官干政。冯保果然也没有生事，较好地配合了张居正的改革。

考成法的施行，使大明的官僚系统进入了一个讲究效率的时代，而且责任明确，赏罚分明。这样一来，所有官员都必须努力工作，不能再像过去那样无所作为地混日子了。

万历六年（1578年），户科给事中石应岳等人向朝廷报告实施"考成法"的效果："自考成法实施以后，几十年来废弛累积的政事逐渐得到了处理。"

这可从追收赋税一事中得到证明。万历四年（1576年），张居正规定，如果地方官征赋不足九成，一律处罚。他说到做到，这年年底，受到降级处分的官员，山东有17人，河南有 2 人；受到革职处分的官员，山东有 2 人，河南有 9 人。

这样一来，各级官员都不敢再懈怠，积极行动起来，效果也是显著的：万历五年（1577年），全国的钱粮年收入达 435 万余两，减去支出以后，还剩下 85 万余两，一举扭转了国家财政长期亏损的状况。

张居正后来说："近年来，正赋不亏，府库充实，都是因为实行了考成法，按期征解赋税的缘故。"由此可见，实行考成法的目的虽然是整顿吏治，但它对整顿田赋、增加国家财政收入也有一定的帮助。

当然，考成法的弊端也是有的，比如考核方法和手段过于粗暴，只要官员没有完成任务，无论有什么原因和理由，考核结果都是不合格，轻则降职，重则罢官。而且，张居正还要求官员承担连带责任，比如县令没有完成任务，知府有责任；知府没有完成任务，巡抚有责任……这样一来，层层连带责任，所有官员都不能幸免，一个个战战兢兢，如履薄冰。

在张居正主政的 10 年间，因为考成法而被裁撤的官员就有 1300 多名。其中，万历三年（1575年），有 54 名官员被停发3个月的俸禄；万历五年（1577年），有48名官员被强制退休；万历九年（1581年），一次就裁革冗员169人。

这也引起了一大批官员的不满，反对改革的声音不断传来。但张居正没有妥协或退让，继续坚定地推行自己的改革措施。对于反对者，他采取了高压措施，或罢免或调任别处，但仍然无法彻底平息争议。

比如，户科给事中余懋学认为，设立考成法以后，虽然上下官员恪尽职守，但对于国家而言，不利于培养元气。

御史傅应祯则将张居正比作宋代的改革家王安石，认为万历皇帝应该敬畏天变，效法祖先，体恤人言，而张居正就像王安石一样，误导皇帝，违背祖法，贻祸国家。

万历四年（1576年）正月，辽东巡按御史刘台又上疏，指责张居正的考成法违背了"祖宗成宪"："过去一切政事，由台省上奏的陈述，部院审核，抚按执行，从未听说内阁有什么举动……张居正发明考成法，是想挟制科臣，让他们拱手听令。祖宗的法度是这样的吗？"刘台还一一列举了张居正执政以来的专横和不检点之处。

说起来，刘台还是张居正的门生，经张居正推荐才由刑部主事升为御史。学生如此言辞激烈地弹劾自己,让张居正无言以对,他向万历皇帝上疏说:"二百年来,从来没有门生弹劾老师的,我唯一能做的就是辞去官位以赎罪。"在递交辞呈时,他恸哭不止。

14岁的万历皇帝再三挽留,亲自扶起张居正,说:"先生快快请起,朕要逮捕刘台,以慰先生。"张居正这才撤回了辞呈。之后,刘台被逮捕到京师,被判廷杖100下,送到边远地区戍边。经张居正说情,刘台才被免去廷杖,贬为平民。

通过实施"考成法",整顿吏治,裁撤冗官,张居正将权力集中于内阁,加强了中央集权,为经济改革做好了组织上的准备。

清查隐漏田亩

张居正的改革,从政治入手,逐渐向经济领域深入。

明朝中期以来,地主豪强大肆兼并土地,他们还登记造假,瞒报田亩数量,以致明朝的田亩数量由立国之初的800

多万顷降至隆庆年间的 400 余万顷。这就使赋粮不能落实到具体的田亩上，大量的徭役债务被转嫁到贫苦百姓的身上，百姓要么破产逃亡，要么积年拖欠，越欠越多，已经到了无力偿还的地步。国家的赋税收入也日渐短绌，入不敷出。

到万历初年，明朝的财政危机已经很严重了。张居正上疏万历皇帝，明确指出："现在国家每年的收入才 250 多万两白银，而一年的支出就需要 400 余万两，这样算来，每年就有 150 余万两的缺口无处筹措。"

为了使国家财政情况有所好转，张居正采取了"节流"的策略。除了裁减冗员，控制国家财政支出，加强边镇军费及钱粮的管理外，他还极力控制宫廷花费，劝说万历皇帝要厉行节约。

万历二年（1574 年）元宵节，万历皇帝想要举办元宵灯节，于是问张居正："张先生，每年元宵节期间举行的鳌山烟火，是祖制吗？"

张居正摇摇头，说："不是，鳌山烟火始于永乐年间，目的是与民同乐，彰显大明盛世景象。嘉靖年间偶尔举行是为了敬奉神祇。自隆庆以来，年年举行，耗费了不少钱财。如今实施新政，应该节省一些，在殿上挂一些灯，就可以尽兴了,不需要再搞什么灯棚。"

冯保在一旁打圆场:"日后国家强盛了,也许可以偶尔举办一次,以彰盛事。"

"这鳌山烟火每年都一样,也没什么好看的。"万历皇帝表现得相当识大体。

张居正乘机进言道:"陛下,接下来的几年还要办不少大事,比如陛下要大婚,潞王要出阁讲学,公主们要成婚出嫁……这些都得花很多钱。现在天下民力匮乏,各处拖欠的赋税很多,趁着现在不需要办什么大事,更应该注意节约,稍稍储蓄以备不时之需。"

万历皇帝点头道:"朕深知百姓穷困,就按先生所说的做吧。"

就这样,元宵节的鳌山烟火被张居正巧妙地取消了。他还多次劝说万历皇帝:"宫中的用度只能从内库取用,不能把手伸到户部银库去。节省支出的关键在于不要动辄大手大脚地赏赐下臣。"

慈庆、慈宁二宫是在万历二年(1574年)动工兴建的,分别为陈太后、李太后的居所,万历皇帝想要修缮一下。张居正劝阻道:"二宫刚刚建好的时候,富丽堂皇,如今还未满三年，看起来还是很新，没有必要翻新。而且陛下以前就下旨说不急需的工程，一律停止，应该遵守信用才是。而且两宫太后也希望陛下祈天永命，积福爱民，不必为了表孝心而修理宫殿。"

万历皇帝听后，认为张居正说得有道理，于是下旨停工。

不久，万历皇帝又看见武英殿的藻绘有剥落，想找人修缮。张居正又劝说道："陛下的日讲一般是在文华殿，很少去武英殿，没有必要劳师动众，花费十几万两银子去修武英殿。"

万历皇帝也觉得张居正言之有理，于是又作罢。

张居正深知光靠"节流"还远不足以解决问题，要彻底改善国家的财政状况，必须"开源"。那么，如何开源，增加国家财政收入呢？

当时明王朝这一庞大机器都由田赋支撑，但田赋收入因土地兼并和赋税负担不均而很难增加。张居正几经考虑，决定在全国范围内重新丈量田亩，清查地主豪强以各种名义积存、漏报、瞒报的田亩。而他的下一步计划是按田亩来实施"一条鞭法"，努力增加财政收入。

万历六年（1578年），张居正主导的清丈田亩工作在福建进行试点。他与福建巡抚耿定向是同乡,而且关系不错。张居正在写给耿定向的信中说:"治理国家的关键在于使百姓安乐,而使百姓安乐的关键在于体察他们的疾苦。"在他看来,清丈田亩对百姓是有利的,即使得罪一些大户也是值得的。

耿定向不负所托,经过两年多的努力,至万历八年(1580年)九月,福建的田亩清丈工作顺利完成。

有了成功的经验,张居正信心大增,下令清丈全国田亩,重绘田亩图册。他把这项工作交给了户部尚书张学颜。张居正叮嘱张学颜:"凡庄田、民田、职田、牧地,都要丈量,限3年内完成这项工作。丈量的田亩,除了皇上的赐田外,一律按地办纳粮差,不得优免。"

很快,户部颁布了《清丈条例》,规定了各级官员清丈田亩的职责及完成期限。这件事在当时引起了轰动。张居正还特别嘱咐百官:"清丈田亩,是百年少有的壮举,不能草草了事,必须严格核查。"

然而,清丈田亩必然会损害官僚、贵族、豪强、地主的利益,所以他们拼命反对。有些地方官敷衍了事,甚至公开袒护豪强,使得田亩清丈工作进展缓慢且艰难。

有人对张居正说:"如果威逼太过,百姓就会逃亡作乱。"

张居正却不以为然,说:"百姓逃亡作乱,是因为受到官府盘剥和豪强兼并。现在侵占田亩的是豪强权贵,又不是普通百姓,他们为什么要反对呢?这事对百姓其实是有利的,清丈了田亩,他们就不必再缴纳那些因为田亩侵隐而完成不了的赋税,难道不应该高兴吗?怎么会逃亡作乱呢?"

对于宗室、豪强的阻挠,张居正向各处督抚、巡按下达了指示:"无论皇族还是官宦,无论军官还是百姓,若有阻挠清丈田亩的,一律从重处罚。"

很快,山西代王就以身试法,受到了惩处。他们带着家奴阻拦清丈田亩的官差,并且扬言:"谁要清丈,就先从我们身上踩过去。"张居正知道后,上疏请求万历皇帝将代王贬为平民,得到了批准。

另外,松江、汝州、安庆等地知府,因为不切实执行清丈田亩的工作,被停掉了俸禄,以戴罪之身继续完成清丈田亩的任务。

在张居正的强势干预下,清丈田亩工作终于冲破重重阻碍,有条不紊地进行下去。

最终,清丈后的全国田亩面积比清丈前多出了180多万顷，可见贵族、豪强、地主隐瞒田地、偷税漏税的情况有多么严重。

之后，张居正下令重新编制鱼鳞图册，作为以后按田亩征收赋税的重要依据。

张居正的强力改革，使那些拥有大量田亩却还在设法偷税漏税的贵族、豪强、地主都对他恨之入骨。

为大明续命的一条鞭法

张居正深知，仅仅依靠清丈田亩，还无法彻底改变赋役不均和官吏盘剥的问题，还需要进一步改革赋税制度。

所以，在清丈田亩的基础上，张居正又下令在全国范围内推行"一条鞭法"。

这个"一条鞭法"，并非张居正首创。嘉靖年间，不少果敢有为的封疆大吏都在自己的辖区内实施了赋税改革，比如应天府的"里甲银"，浙江、广东的"均平银"，福建的"纲银"，江南的"十段锦"以及有些地区的"条法"等。

张居正所推行的"一条鞭法"的具体做法是：改变以往

的实物赋税制度，将田赋、徭役以及其他杂税合并在一起，按亩折算，按银缴纳。这样就大大简化了征收手续，使赋役合一，并出现了"摊丁入亩"的趋势，同时也使地方官员难以作弊。尤其是取消了苛重的力役，官府需要的徭役可以从税银中拿出一部分来雇人代劳，使农民可以有更多的时间从事农业生产。

凡改革必遇阻力，"一条鞭法"的推行也不例外，反对的声音如狂浪般袭来。

万历五年（1577年），山东东阿知县白栋清理丈量全县的官田、民地，税役全部以银两折算，按人丁、地亩多少征收。这是"一条鞭法"在北方首次试行，得到了百姓的拥戴，却触犯了官绅的利益。

户科部给事中光懋上奏朝廷说："一条鞭法只适用于南方，最不适合江北。近来东阿知县白栋在山东推行此法，人心惶惶，民不聊生，应立刻废止，并惩处白栋。"

张居正当即派人到东阿巡察，才知道光懋歪曲事实。张居正虚心听取各方意见，了解到北方确实存在与南方不同的情况，但无论北方还是南方，都存在赋役不均的现实问题，而"一条鞭法"的目的就是平均赋役，所以此法无论对北方

第六章 变法革新,中兴元勋

还是南方都有积极意义。于是,张居正让白栋复任留职。

同年,吏部侍郎杨巍也写信给张居正说:"一条鞭法有利于士大夫,但对老百姓有害。"

张居正回信说:"一条鞭法,有说很方便的,也有说不方便的,还有意见中立的。一条鞭法是否可行,不能拘于成例,需要根据当地的实际情况来定。我近来拟旨要求地方官因地制宜,选择最便民的方式实施,不要强求一律。"由此可见,对于"一条鞭法"的推行,张居正并没有采取一刀切的做法。

张居正意识到,要使"一条鞭法"顺利地推行下去,除了要考虑各地的实际情况之外,关键还要有得力的执行者。

当时福建是全国最先完成田亩清丈工作的一个省,但是地方官员为了筹措军饷,搜刮民脂民膏,加重了百姓的负担,百姓的赋役极为繁重。这就背离了改革的初衷,给百姓带来了危害,使得百姓对改革产生了抵触情绪,因而迫切需要一位胆识过人的封疆大吏来推动福建的改革。

张居正经过考虑,决定起用曾经在浙江当巡抚,并在当地推行过"一条鞭法"的庞尚鹏,让他担任福建巡抚。

庞尚鹏对福建的风俗民情有一定的了解,而且有推行"一条鞭法"的宝贵经验。张居正算是选对了人。庞尚鹏来到福建后，花了一年多的时间，便使福建大部分地区都改行"一条鞭法"，改革进度在全国名列前茅。

张居正还任命大理寺少卿宋仪望为应天巡抚，到贵族豪强云集、社会矛盾极为突出的南京推行"一条鞭法"。之后，"一条鞭法"在江西、浙江也推广开来。

但是，在北方，"一条鞭法"的推行却不太顺畅。这是因为"一条鞭法"本来是江南地区百余年各种赋役制度改革的结果，带有很强的地域色彩。南方工商业发达，税金全面折算成银两，商人可以以银代税，专心做生意；农民种植的作物也有出售市场，所以将赋税折成银两并不难。但是，当时北方还处在自给自足的小农经济阶段，如果实行"一条鞭法"的话，农民就必须将农作物变卖成现银交税，容易出现银贵谷贱的现象，使农民吃亏。

对此，张居正亲自写信给山东巡抚李世达，希望他破除消极言论，奖励实干官员，慎重灵活地开展"一条鞭法"。李世达根据张居正的指示，以便民为宗旨，改革赋税制度，取得了一定的成效。

随着"一条鞭法"的实施，明王朝的财政状况有所好转。

到万历十年（1582年），户部太仓储银由以前每年的200万两增加到每年的三四百万两，京师储粮达700万石。太仆寺所储的马价银也达400万两。

在改革赋税的过程中，张居正不仅重视为国家增加财政收入，还十分重视安民。为了减轻老百姓的税负，张居正郑重上疏，请求万历皇帝免去各省前些年积欠的钱粮。他说："自万历初年以来，国家赋税经过切实整顿，已经有了明显好转，具备了免除积欠赋税的条件。初查发现，从隆庆元年（1567年）到万历七年（1579）年，南、北两直隶及十三行省，待征钱粮为100余万两白银，而江南的苏州、松江两府拖欠70余万两白银。造成这种情况的原因，主要是东南一带税赋太重。请皇上开恩，予以免除。"

万历皇帝批准了张居正的上疏。此举大大减轻了苏州、松江等地区百姓的负担。

张居正推行"一条鞭法"，触及了贵族、豪绅、地主阶级的利益，遭到了他们的极力抵制，所以最终此法只在南方部分地区、山东及京师周边得以推行。等到万历十年（1582年）张居正去世，"一条鞭法"失去了最有力的支持者，渐渐形同虚设，名存实亡。

巩固边镇防务

张居正早年目睹了"庚戌之变",因此对北方边镇防务十分关心,他在《论时政疏》《陈六事疏》中都曾提到过加强北方边镇武备的问题。隆庆元年(1567年),张居正进入内阁参政后,感叹道:"国家武备荒废到了这个地步,如果不及时加以整顿,恐怕北宋的悲剧又要在大明重演了。"

此时的内阁首辅还是徐阶,考虑到新任兵部尚书霍冀还不熟悉北方边镇的情况,徐阶就把主持整顿蓟、辽边军,巩固边防的重任交给了张居正。

当时,北边战守的重心在蓟州。这一年,工科给事中吴时来向朝廷推荐谭纶、戚继光率军驻守蓟州,加强北方边镇的防务工作。经张居正出面奏请,这一举荐很快得到了批准。

隆庆二年(1568年)三月,谭纶出任蓟辽总督,戚继光也被调至蓟州,总理蓟镇(今北京市北部和河北省北部地区)、昌平、保定三镇的练兵事务。

戚继光是抗倭名将,早年在东南沿海率领戚家军与倭寇作战,立下过赫赫战功。但他刚刚北调时,有的官员对他存有偏见,说:"南兵不适合北边。"

张居正反驳道:"以戚继光的才能,在南方行,为何到了北方就会不行呢?"

张居正不仅口头上支持戚继光,在行动上也给予他大力支持,只要是戚继光提出的钱粮、武器、兵力方面的要求,张居正便尽最大努力在隆庆帝面前为其争取。

这次北调,戚继光的职衔较低,因为在他上面有蓟辽总督,各镇也有总兵,戚继光就显得有些人微权轻,工作受到了掣肘。张居正便说服隆庆帝改任戚继光为总理练兵事务兼镇守,可以节制三镇总兵。

由于北方边军纪律松弛,张居正还批准将戚继光在浙江训练的一部分戚家军士兵调到蓟州,最初名额为3000人,后来扩充到2万人,作为其嫡系部队。

戚继光巡视蓟州等处边防后,提议修建3000座空心敌台,张居正也给予了全力支持。最终,戚继光指挥士兵在居庸关到山海关之间修建了1200座空心敌台,还调来9000名戚家军士兵负责防守。

张居正甚至要求蓟州等边地的文官不得干预戚继光的军

事训练工作,让戚继光在三年练兵期内免受监察官的纠察。那些故意为难或企图构陷戚继光的文官,都被张居正调离或罢免。

短短几年里,戚继光整顿防区,训练新军,成效卓著。至隆庆六年(1572年),蓟州边军已增至10万人,部队训练有素,纪律严明,防守严密。

张居正担任内阁首辅后,将谭纶调为兵部尚书。万历五年(1577年),谭纶因病去世,张居正特意安排自己的门生梁梦龙继任蓟辽总督,以免戚继光受到其他官员的排挤和欺压。

张居正写信给戚继光说:"接替蓟辽总督的梁梦龙,是我的门生,他与我关系很好,你不必担心。"

戚继光没有辜负张居正的信任,他镇守蓟州16年,轮训三镇边军,招民屯垦,在长城修筑空心敌台,使得蓟州也安定了16年,老百姓安居乐业,呈现出难得的和平景象。

在辽东方面,为了解决女真族侵扰边境的问题,张居正起用军事才能突出的李成梁为总兵官。

李成梁自幼生长在辽东铁岭卫,对鞑靼土蛮部十分了解。隆庆元年(1567年),土蛮部进犯永平府,李成梁援救有功,被提升为副总兵官,协守辽阳,从此崭露头角,为朝廷所倚重。

李成梁镇守辽东22年,先后10次连奏大捷,功劳十分显赫。但是李成梁的缺点也很明显,他奢侈无度,纵兵劫掠百姓,有时还谎报战功,杀民冒功,甚至收受女真族部落首领的贿赂。

张居正对李成梁的所作所为心知肚明,只是为大局着想,才没有惩处李成梁,但是只要抓住机会,他就狠狠敲打一下李成梁。

万历三年(1575年)五月,李成梁谎报军情,向辽东巡抚张学颜要兵要粮,说土蛮部发兵20余万前来进犯,前锋已过大凌河(位于辽宁西部)。

兵部闻讯惊慌失措,万历皇帝也大惊失色,赶紧找来张居正询问:"现在形势如何?"

张居正却对李成梁的报告表示怀疑,分析道:"现在正是暑季,大雨连绵,不利于骑兵行动,土蛮部不至于那么愚蠢。而且蓟镇人马已出关支援,可确保无忧,陛下不必担忧!"

为查明实情,张居正一面派宣府巡抚侦查敌人的动向,一面让蓟州总兵戚继光加强战备,以备不时之需,策应李成梁。

几天后，宣府巡抚回报：查无此事。真是虚惊一场！张居正大为恼怒，请旨对李成梁严词申斥，并且批评兵部："对敌人的虚实茫然无知，只是听到传言便仓皇失措，这与风声鹤唳、草木皆兵有什么区别？像这样的反应，岂能迎击来敌？"

在西边，张居正任用王崇古、方逢时镇守大同、宣府。他们二人积极加强边防建设，为边境数十年的和平与稳定提供了有力的保障。

经过张居正的全盘筹划布局，大明边境实现了前所未有的稳定，这使得明王朝能够专注于内部的政治改革和经济发展。

杀鸡儆猴，整顿驿站

明朝时，从北京到外省的各大交通要道，沿途都设有驿站，来往的官员可以在驿站中吃、住，同时还可以乘坐驿站里的车、马出行。

本来，朝廷规定只有官员出行才可以使用驿站。但是，

第六章 变法革新，中兴元勋

渐渐地大家对规定置若罔闻，大大小小的官员以及官员的亲戚朋友，不管是外出办公务还是办私事，都贪图驿站的便利，使得驿站的额外开支越来越大，给国家财政造成了沉重的负担。同时，沿途州县的百姓不仅要为这些人提供车马，还要为他们充当车夫，所以，老百姓也不堪其扰，深受其害。

万历年间，全国有驿站1036处，官员离开北京到外地上任，一路上连吃带住，甚至索要钱款，仅此一项，驿站一年的开支就达上百万两白银。

为了制止官员们的这种奢靡铺张之风，张居正不惜拿孔子的第64代孙衍圣公孔尚贤开刀。

自从汉代独尊儒术之后，无论王朝如何更迭，孔子的后人都会受到优待。宋仁宗时还特地设立了衍圣公的职位，世世代代让孔子后裔继承。明朝沿袭了宋朝的这一传统，每年都让衍圣公到北京朝见皇帝。

但是，这个孔尚贤却不按孔子的教诲行事，居然借机大肆敛财。从山东出发的时候，孔尚贤带了很多随从和大量山东土特产，浩浩荡荡地向北京出发。因为有皇上的圣旨，他沿途骚扰各路驿站，敲诈勒索，一切费用由朝廷买单，而他卖东西的钱全部归自己所有。地方官吏又不敢干涉，因而造成了很恶劣的影响。

山东布政司上疏反映这一情况，张居正回复说："孔夫子秉礼为教，从不逾规。假如他生于当今之世，也必然会严格遵守国家法规，这是不可逾越的底线，何况他的后人呢？为公正执法，以后衍圣公若再骚扰驿站，也一律弹劾查究。"

张居正与山东巡抚商定，让他与孔尚贤约法三章：第一，进京面圣由每年一次改为三年一次；第二，随行人员不得超过 20 人；第三，沿途不得做买卖。孔尚贤这才有所收敛。

这件事也给那些喜欢公器私用的官员敲响了警钟。但要从根本上解决问题，还必须改革驿站制度。为此，万历三年（1575 年），张居正颁发了新的《给驿条例》，其中规定：

所有官员，如果不是因公出差，不得发放勘合（印信）。

使用驿站必须有勘合，北京勘合由兵部发出，各省勘合由巡抚和巡按发出。

勘合使用完毕，必须马上归还指定官署，不得私留。

各衙门公文传送不得使用驿站，若兵部和各省巡抚、巡按营私舞弊、弄虚作假，将严加惩处。

官员奔丧、复职回任、升迁、改调、到任等，不得使用驿站。

第六章 变法革新，中兴元勋

严格限制官员出差使用的车马、夫役等数量，不得超额享受。

驿站若遇到过往官员的勒索，可以向朝廷举报。

万历五年（1577年）六月，张居正又大刀阔斧地撤销、合并了很多驿站，并大力削减驿站的供应费用，继续减少驿站的花销。

新规定颁布后，滥用驿站的情况大为改观，很多官员都自觉约束自己的行为，但也有人不把规定当回事，依然我行我素，滥用驿站车马。

为了杀鸡儆猴，确保新规顺利实施，万历八年（1580年），张居正下令处罚了一批违规使用驿站的官员，其中革职7人，降六级11人，降三级8人，降一级3人。比如：云南布政司左参政吴孔性，因擅用驿站而被罢官；山东巡远侯东莱的儿子，擅自使用驿站车马，被革去应得的官荫。

在执行驿站新规上，张居正也以身作则，自觉约束自己，严格要求家人，为大家做出表率。

万历八年（1580年），张居正的次弟张居敬病重，需要回乡养病。保定巡抚张卤知道后，主动给予关照，给张居敬发了勘合。张居正知道后，将弟弟狠狠批评了一顿，责令他将勘合还回去,并写了一封信给张卤,说:"我身为宰辅,要为朝廷执法,就应当以身作则。"

张居正还要求张卤不要对自己的家人讲私情,若有人想占驿站的便宜,一定要及时告知,以免酿成大错。

有一年,张居正的儿子从京城回江陵参加乡试,张居正也不允许他使用驿站,而是自己出钱雇车,送儿子回去。

经过这一番整顿,官员滥用驿站的现象得到了很大改观,驿站开支也大大减少,老百姓无不拍手称快。

第六章 变法革新,中兴元勋

海 瑞

海瑞(1514年—1587年),海南琼山(今海南省海口市琼山区)人,明朝著名清官。自幼丧父,由母亲抚养成人,嘉靖二十八年(1549年)考中举人。一生经历正德、嘉靖、隆庆、万历四个朝代,历任知县、州判官、户部和兵部主事、尚宝丞、两京左右通政、右佥都御史、吏部右侍、右都御史(明代国家监察机关都察院的首领)等职。

海瑞为官清廉,生活俭朴,任职期间纠正冤案,打击豪强，整顿吏治，严惩贪官，发展民生，深受百姓爱戴，百姓们亲切地称他为"海青天"。海瑞去世后，留下的财物只有8两薪金，2丈葛布，数件旧衣，几件破烂竹器。负责主持海瑞丧事的朝廷官员王用汲见了忍不住落泪，自己凑钱为海瑞办理了丧事。

 鳌山烟火

又称"鳌山灯""靠山灯""灯山""彩山"，是流行于宋、元、明、清时期的一种供人观赏的民间娱乐物品。这里的烟火主要是指灯火，因此鳌山烟火其实就是指鳌山灯。其具体形制是，先用竹、木搭建成高大的灯棚，然后在灯棚骨架上缚扎彩色丝绸，悬挂五颜六色的花灯，花灯上绘有各种神仙图像，各种花灯堆叠成山，远远看去，就像传说中的巨鳌，因此称为"鳌山烟火"。

鳌山烟火有为万民祈福之寓意，象征着盛世太平、江山永固，寄托了人们对美好幸福生活的向往。明朝从永乐七年（1409年）起，每年元宵节举办鳌山灯会，"听臣民赴午门外，观鳌山三日"，现场人山人海，君臣与百姓共同观赏这一盛大的景观，热闹非凡。

第七章 身后蒙羞,奇耻大辱

因为大力推行改革,张居正得罪了很多人,他对万历皇帝的严苛教育,也使万历皇帝心生不满,迁怒于他。张居正去世后,憎恨他的对手纷纷上书攻击、弹劾他,万历皇帝顺水推舟,下诏彻底清算张居正生前的各项举措,剥夺张居正所有官衔、荣衔,抄没张家财产。一代名臣死后蒙受奇耻大辱,然而是非自有公论,历史给了张居正一个公允、正确的评价。

"夺情"风波

在张居正大刀阔斧地进行改革之际,万历五年(1577年)九月,他的父亲张文明因病逝世。

在中国古代,人们非常看重"百善孝为先"这一社会伦理。按照大明祖制,凡父母去世,官员必须离职,返回家乡为父母守制三年(一般为27个月),这叫"丁忧"或"守制"。丁忧期满后,才能返回任上继续做官。当然也有例外,如果皇帝离不开某个官员,也会特批,不让该官员离职回家为父母守制,只需穿素服办公,这叫"夺情"。

在万历朝之前,就有过不少特例,比如明成祖时的杨荣,明宣宗时的杨溥和金幼孜,明宪宗时的李贤,都曾经被"夺情"过。

所以,当张居正父亲去世的消息传到北京时,内阁的另外两位辅臣吕调阳、张四维便上疏引用前朝重臣的例子,请求万历皇帝准许张居正"夺情"，继续留在内阁。

随后，御史曾士楚、吏科给事中陈三谟以及南北各院部官员，也纷纷上疏请求张居正留任。

按理张居正作为内阁首辅，在丁忧方面应该为世人做出表率。如果他不回家丁忧，将为人们所不齿，对于他的前途也会留下隐患。但是，张居正内心还有另一层隐忧，如今正值改革的关键期，若回乡丁忧三年，反对变法的势力必然会疯狂反扑，使新政功亏一篑。

张居正一时犹豫不决，而很多跟他关系好的官员，在分析了他的名气、节义和时局等因素后，都建议他要考虑舆论，回乡丁忧。只有户部侍郎李幼孜坚决反对，他说："张阁老一走，形势如何发展就无法掌控了，眼下百事待举，首辅怎能一走了之呢？"

张居正和冯保商量，冯保也认为"夺情"比较稳妥。

吏部尚书张瀚是张居正一手提拔起来的，冯保传皇帝旨意，让张瀚带头提议张居正"夺情"。没想到张瀚一点也不配合，故意装糊涂说："张阁老回乡奔丧，理应给予特殊恩典，但那是礼部的事，跟吏部没有关系啊！"

张居正派出说客，想要说服张瀚，但张瀚就是不松口。

第七章 身后蒙羞，奇耻大辱

张居正十分恼怒，拟旨指责张瀚"藐视皇上，无人臣之礼"，勒令张瀚辞官。

万历皇帝起初也没打算留下张居正，但到十月上旬，他意识到自己离不开张居正，于是让司礼监的太监魏朝陪伴张居正的儿子回江陵奔丧，同时指示吏部，让张居正过了"七七"丧期之后，继续入阁办事。

张居正向万历皇帝辞让几次后，才顺水推舟地接受"夺情"，并且提出了"在官守制"的折中方案，还表示守制期间不领俸禄，不参加朝廷庆典。

就在众人吵嚷之际，一天夜里，天空西南方出现彗星，一道几丈长的白虹从尾星、箕星越过牵牛，一直扫到织女星。这种自然现象在古代被认为是上天示警。不久紫禁城里又发生了火灾，一时人心惶惶，万历皇帝下诏让百官反省。

反对张居正"夺情"的官员随即发难，纷纷上疏弹劾张居正。

翰林院官员吴中行第一个上疏说："元辅日夜为国事操劳，父子一别就是19年，如今父亲与儿子永诀，装殓的时候儿子不在棺材旁边，下葬的时候儿子也不在墓穴旁边，太不近情理了。元辅担负天下重任，正己才能正百官，然后才可以正万民。请张阁老立即丁忧，请皇帝不要再挽留，以正人心、去流言！"

吴中行做事坦荡，还将奏疏抄了一个副本，送交张居正过目。张居正看后不免有些吃惊，问道："这道奏疏，已经递交上去了吗？"

吴中行点头说："不递交上去，我是不敢告诉先生的。"

第二天，检讨赵用贤也上疏建议皇帝仿照前朝杨溥、李贤的成例，让张居正先回家丁忧一段时间，然后再下诏让他提前回朝。

刑部员外郎艾穆、刑部主事沈思孝联名上书，措辞更为激烈，说张居正"夺情"是"贪位忘亲"，是不孝不义之举。他们说："陛下以江山社稷的缘故，挽留张阁老。可社稷所重，莫重于纲常。首辅大臣是维护纲常的表率，现在连纲常都不顾了，社稷又怎么能安定呢？"

万历皇帝见这么多人反对张居正"夺情"，不禁大怒，决定对这些人进行惩罚，或廷杖，或充军。

礼部尚书马自强见事态严重，连忙出面去找张居正说情，说："皇上在盛怒之中，解铃还须系铃人，眼下只有张阁老上疏，才能救他们了。"

第七章 身后蒙羞,奇耻大辱

张居正却跪在他面前说:"居丧之中,管不了外面的事,请马尚书原谅。"

张居正心里也明白,这几个人倒不是特意针对自己,主要还是为了维护纲常伦理。但是,他首先考虑的是改革大局,所以正如他所说,"芝兰当路,不得不锄"。

翰林院掌院学士王锡爵,叫上几十位翰林院官员,一起去找张居正,张居正避而不见。王锡爵急了,闯进张府灵堂,劝说张居正。张居正也逼急了,取下墙上的剑,然后跪在王锡爵面前,将剑架在自己的脖子上,哭喊道:"皇上要留我,你们则要逐我,这不是要逼死我吗?我到底要怎么做,你们才满意?你杀了我吧!你杀了我吧!"

王锡爵哪里见过这种场面,顿时手足无措,只得匆匆告辞。

结果,吴中行、赵用贤各受到廷杖六十的处分,革职为民,永不叙用;艾穆、沈思孝各被廷杖八十,发配边疆充军,永不赦免。

刚中进士不久的刑部见习官员邹元标看不过眼,尖锐地批评张居正刚愎自用,结果他也被廷杖八十,打断了一条腿,发配到贵州充军。

被廷杖的五人中,有两位是张居正的门生,一位是他的老乡。吴中行在上疏时还特意强调了张居正对自己的知遇之恩:"臣受到提拔,乃元辅所推举,我们之间有师生的名分。"

张居正自觉颜面扫地,无奈地说:"当年严嵩都没有同乡公开站出来反对他,我连严嵩都不如啊!"

"夺情"这场政治风波最终以万历皇帝的一句"再及者诛无赦"而结束,张居正成功地留在了内阁首辅的位置上。

经过这次事件后,张居正的心态发生了变化,做事偏激放纵,提拔或惩处官员总是根据自己的爱憎喜好定夺,而且身边的人贿赂成风,皇亲贵戚和文武大臣为了巴结他,主动与他结为姻亲。对于反对自己的人,他也不再试着以德服人,而是以威权压制。这就使张居正在人们心中的威望大大降低,同时为他日后被清算埋下了隐患。

骑虎难下的"归政乞休"

万历六年(1578年)二月十九日,16岁的万历皇帝与锦衣卫指挥使王伟之女王氏举行了大婚典礼。

第七章 身后蒙羞，奇耻大辱

二月二十八日，张居正向万历皇帝递交了《乞归葬疏》，想请假回湖北江陵老家安葬父亲。万历皇帝批示说："先生您怎么能离开朕的身边呢？此前朕已经派司礼官负责先生之父的安葬事宜，您又何必非要亲自跑一趟？"

二十九日，张居正再次上疏，祈求回家安葬父亲。万历皇帝终于答应，说："朕本来是不愿让先生回去的，但先生言辞恳切，朕担心您伤心过度，特此批准！先生走后，在国家大事上，朕还能依靠谁呢？先生回去把家里的事情处理好了，就赶快回来吧。"

李太后也派太监李旺对张居正说："先生走后，皇上无所依托。先生既舍不得皇上，到家办好事情，就尽早归来，不要待人催促。"

可见万历皇帝母子都不愿意张居正离开，希望他快去快回。

张居正走后，万历皇帝又特地交代次辅吕调阳等人："遇大事不得独自决断，必须马上派人报告张先生，由张先生定夺。"

吕调阳见万历皇帝不信任自己，感到有些难堪，索性请了病假，很少到内阁办事。就这样，朝廷中的例行公务由张四维负责处理，稍微重要的事情则由内阁派人报往江陵，由张居正决策。万历皇帝还一天之内连发三道诏书催促张居正回京，湖广官员认为这是一种无上的荣光，提议建三诏亭作为纪念。

三诏亭建成了，湖广官员为张居正举办了隆重的庆典。庆典过后，张居正开始冷静下来思考，意识到自己正处于骑虎难下的境地。他在给湖广巡按朱琏的信中，意味深长地说："一旦形势变化，我倒台了，就连住所都会成问题，三诏亭又有什么意义呢？骑在老虎身上，想下也下不来，所以霍光、宇文护才会以悲剧收场。"张居正熟读历史典籍，对权臣的下场十分清楚，这时不免有点惶恐。

万历皇帝本来是让张居正五月回朝，但张居正想到暑天炎热，担心70多岁的老母经不起长途跋涉，于是就请求万历皇帝宽限归京日期，等到八九月份天气凉爽时再带着母亲一起回京。万历皇帝急了，除了发动各级官员催请张居正尽快动身外，他也下了圣旨，由太监魏朝留在江陵照顾张居正的老母，让张居正务必在五月回朝。

张居正无奈，只得在五月二十一日起程回京。

当时，御史周友山写信给张居正，说他"贪恋首辅之位"。

第七章 身后蒙羞,奇耻大辱

张居正并不否认,坦然地回复说:"'恋'之一字,确为臣所不辞。"同时他还表示:"若能确然自信,不失德行,便可为天地立心,为生民立命,为往圣继绝学,为万世开太平,这不是浅薄之人所能窥见的。"

回京后,张居正又全身心地投入改革工作中,开始整顿赋役制度,推动清丈田亩工作和"一条鞭法"的实施。就这样,改革在重重阻力下,如火如荼地进行着。

万历八年(1580年)三月,18岁的万历皇帝到天寿山举行了谒陵礼。所谓"谒陵礼",就是当朝皇帝与皇太后一起到天寿山祭谒明朝几位先帝的陵墓。这是万历皇帝成人仪式中的最后一项。此后,他就可以正式亲政了。

这也意味着,张居正作为顾命大臣,辅佐幼帝的任务可以结束了。此时的张居正,虽然才56岁,却因为政务繁重,劳神费力,已是须发皆白,血气早衰,进入了垂暮之年。在暗流涌动、波云诡谲的政治旋涡中,他感到有些力不从心了。张居正深知"高位不可久窃,大权不可久居",决心急流勇退,以免前功尽弃,晚节不保。

三月二十二日,张居正上疏请求退休,希望万历皇帝能够体谅他的处境,赐他骸骨生还故乡,保全名节得以善终。

万历皇帝可能还没有做好亲政的思想准备，所以马上降旨，挽留张居正。但张居正已经下定了决心，两天后他再次上疏请求退休，并且表示朝廷若有需要，他随时应诏奉命。万历皇帝感到有些为难，便去请示李太后。李太后认为万历皇帝还太年轻，难以独立处理朝政，于是态度坚决地说："先让张先生辅佐皇上到30岁，那时再作商量吧。"

在皇太后的反对下，张居正只得勉强留下，但他开始有意识地放手让万历皇帝亲自处理一些政务，培养其独立执政的能力。

积劳成疾，大星陨落

万历九年（1581年）七月，张居正食欲缺乏，四肢无力，卧病在床。他上疏请假，说："臣自入夏以来，因体弱过劳，内伤气血，外冒盛暑，以致积热伏于肠胃，流为下部热症。又多服凉药，反令脾胃受伤……"

万历皇帝很关心张居正的病情，频繁颁发圣旨询问他的情况，又派了御医去为他看诊，还多次赏赐食物给他调

第七章 身后蒙羞，奇耻大辱

理身体。

到八月中旬，张居正的病渐渐痊愈了。这年十一月，万历皇帝加封他柱国、太傅等勋荫。

然而，万历十年（1582年）二月，张居正旧病复发，再次卧病于床。

尽管生病了，张居正仍然坚持在病榻上处理政务，其他内阁大臣只是处理一些细节性的事务，大部分事情还要由张居正定夺。后来张居正病情恶化，已经无力审阅文书，但仍不放心将政务交给张四维等人处理，坚持带病工作。这也使他的病情越来越严重，虽然请了很多名医来诊治，但是也没有多大起色。

六月初，张居正感到自己已是油尽灯枯，生命垂危，又上疏请求辞官退隐，但万历皇帝仍不答应。

12天以后，由于病情更加严重，张居正再次上疏，恳请万历皇帝准许他生还故乡。他言辞恳切地说道："如今精力已竭，强留在这里，也不过是行尸走肉而已。这10年来，臣为江山之稳固、黎民之生计鞠躬尽瘁，现在只求这躯体能生还故乡，恳请陛下成全。如果侥幸不死，将来还有为陛下效力的机会。"

然而万历皇帝还是不同意,只是让他安心养病。事已至此,张居正再无话可说。

随后几天,张居正的病情迅速恶化,以致水米不进。万历皇帝派人前去慰问,并且传话说:"听说先生水米不进,朕深感忧虑,国家大计,还请先生为朕一一言之。"

此时张居正已经接近昏迷,但仍强撑着安排身后事,推荐礼部尚书潘晟、吏部左侍郎余有丁进入内阁。同时还推荐了尚书张学颜、梁梦龙、徐学谟、曾省吾,侍郎王篆、许国、陈经邦,说他们可以担当大任。

因为张居正推荐的人比较多,一时无法全部安排,万历皇帝只得下令将人名贴在御屏风上,以备日后召用。

万历十年(1582年)六月二十日,张居正与世长辞,享年58岁。万历皇帝下诏罢朝数日,并且给予张居正崇高的待遇:赐谥文忠,赠上柱国衔,赏丧银500两。同时又命太仆少卿于鲸、锦衣卫指挥佥事曹应奎护送张居正的灵柩回江陵安葬。

第七章 身后蒙羞,奇耻大辱

万历皇帝的清算

张居正担任内阁首辅10年,勤勤恳恳、尽心尽职地辅佐万历皇帝,真正做到了鞠躬尽瘁,死而后已。他在位时有人说他辅佐皇帝得力,实有宰相之功。但张居正自恃治政有方,权势过盛,不免有些得意忘形,有一次他这样对人说:"我不是宰相,而是摄政。"

所谓"摄政",就是代皇帝执政。多年来,张居正贪恋权位,习惯了大权独揽,凡是朝廷事务,事无巨细他都要一一过问。虽然政绩显著,但是他也因此得罪了很多人。

他整顿吏治,改革赋税制度,得罪了势力庞大的士大夫集团和豪强、地主阶层;他对万历皇帝严苛的教育、近乎强制的约束,也使得日益成长的小皇帝对他心生不满。所以,他刚刚去世,尸骨未寒,一场针对他的清算行动便自上而下缓缓拉开了帷幕。

首当其冲的是张居正的政治同盟——司礼监掌印太监冯保。

万历皇帝早就看冯保不顺眼了，嫌他在自己面前倚老卖老，指手画脚。现在张居正死了，李太后又退居深宫，不问政事，冯保接连失去了内廷和外朝的双重支持。万历皇帝认为这正是除掉他的大好机会，于是派人与内阁辅臣张四维、申时行商量如何驱逐冯保。

张四维和申时行大喜过望，他们也正想要将张居正推荐的潘晟踢出内阁。

万历十年（1582年）十二月初七，山东道御史江东之上疏弹劾冯保的亲信、锦衣卫同知徐爵。第二天，江西道御史李植又上疏弹劾冯保犯有12条大罪。万历皇帝批示说："冯保欺君蠹国，罪恶深重，本该杀头。念他是先帝托付，效劳日久，姑且从宽处理，降为奉御，发往南京新房闲住。"

李太后知道后，问及原因，万历皇帝说："这老奴只是受了张居正的蛊惑，没有什么大错，不久朕就会将他召回。"

随后，张四维和申时行又授意言官们弹劾潘晟。潘晟已经离开原籍，正在赴京上任途中，见形势不妙，赶紧上疏请求辞官。

冯保的倒台，给了备受压制的言官们一个信号——清算张居正的时机到了。第一个跳出来的是陕西道御史杨四知。

万历十年（1582年）十二月十四日，杨四知上疏历数张居正的14条大罪，如招权树党、忘亲欺君、蔽主殃民等，严厉弹劾张居正。

万历皇帝看过奏疏后，批示说："朕对张居正委以重任，恩宠甚隆，没想到他不思尽忠报国，反而恃宠行私，辜负圣恩。念他是先帝所托付的顾命大臣，在朕年幼即位后，有10年辅佐之功。如今他已经去世，朕宽大为怀，暂且不追究他的罪过。"

接着，四川道御史孙继先也上疏，将张居正狠狠批了一顿，并强烈要求为以前弹劾张居正而遭到打压的余懋学、傅应祯、邹元标、吴中行、赵用贤、王用汲等人平反，至于刘台等已经冤死的，则给予抚恤。

万历皇帝很爽快地同意了，还自我检讨说："朕一时误听奸恶小人之言，以致降罚失公。凡奏本上列名因建言而得罪的，全部起用。"

正所谓墙倒众人推，一时间弹劾张居正的奏章如雪片般飞到万历皇帝手中。

原本在万历皇帝心中，张居正除了对自己管教严苛之外，也是一个节俭、勤奋、律己的模范人物，可是读了这些弹劾奏章，他才知道，张居正整天以圣贤之道教导他，要求他节俭持国，减少皇宫开支，可张居正本人却没有为人师表，竟然贪污受贿，生活奢侈。

比如，张居正回乡为父亲办理丧事，真定知府为其赶制大轿，轿中设施齐全，可以在里面吃饭睡觉，能容得下2个仆人，需要32人抬轿。尚宝少卿和锦衣卫指挥等官员出面护送，戚继光也选派一队鸟铳手随行保护。一路上声势浩大，地方官员都要出来跪迎，如同皇帝出巡一般。

张居正徇私舞弊，利用权力为家人谋取好处，他的三个儿子都高中进士。

张居正结党营私，收受过一些人的贵重礼物，有其亲笔书信为证。

…… ……

当这一桩桩、一件件事实摆在万历皇帝面前时，他除了震惊，更多的是极度的愤恨。

万历十一年（1583年）三月初一，万历皇帝下令追夺张居正的所有官衔，剥夺从前赏赐给他的玺书、四代封赠的荣誉称号。八月初九，万历皇帝又夺去张居正的"文忠公"

谥号，所有由张居正推荐的官员，也都被贬职削官。

然而事情发展到这里，还没有结束，一桩陈年旧案的出现，又使张居正的家人遭受了灭顶之灾。

万历十二年（1584年）四月，辽王次妃王氏上奏弹劾张居正，其中提到："辽王家财，金银珠宝，数以万计，都被张居正所占。"

万历皇帝一听到有这么多钱财，马上下旨派刑部侍郎邱橓、司礼监太监张诚率人前往荆州，对张家进行查抄。荆州的地方官员也很积极，第一时间赶到张家，将门封住，禁止张家人出入，等待朝廷来人查抄。结果，张家十几口人被活活饿死。

查抄的结果是：江陵宅内，黄金2400余两，白银10.77万余两，金器3710余两，金首饰900余两，银器5200余两，银首饰1万余两，玉带16条，另外还有一些蟒衣、绸缎、纱罗、珍珠、玛瑙、宝石、玳瑁等物；北京府第，折银1.06万两。

兴师动众抄了张家，抄得的钱财总数还不及严嵩的十分之一。这个数额，显然达不到万历皇帝的心理预期。于是，张居正的几个儿子就遭殃了，被置于烈日下暴晒，并被严刑拷打。

张居正的长子张敬修熬不过酷刑，选择上吊自杀，并留下血书诉说冤屈。三子张懋修被屈打成招，谎称有大约30万两白银被转移到了曾省吾、王篆、傅作舟等处，之后投井自杀，被救下后又绝食自杀，但终究没有死成。

当初，万历皇帝曾经对张居正说过这样一句话："先生操劳国事用心尽力，朕无以回报，只能关照先生的子孙了。"没想到现在竟然是这样的"关照"，还真是有点讽刺意味。

张家的惨状传到朝廷，举朝震惊。刑部尚书潘季驯、吏部尚书杨威接连上疏劝说万历皇帝善待张居正的家属。内阁首辅申时行也上疏说："现在已经抄没他的家产，国法已正，众愤已泄。如果他的八旬老母衣食无着，子孙相继死亡，皇上您也于心不忍吧。"

为了平息舆论，万历皇帝终于同意收手了。万历十二年（1584年）八月，万历皇帝颁布诏书，公布了张居正的最后罪状："张居正诬蔑亲藩，侵夺王坟府第；钳制言官，蔽塞朕聪；私占废辽地亩；假以丈量，庶希骚动海内；专权乱政，罔上负恩，谋国不忠。"并要求各省张榜公告张居正的罪状。

万历皇帝觉得自己对张居正的处理已经够宽大了，因为本来他认为应该将张居正"断棺戮尸"，但念在他为国尽忠效力多年，才到此为止。张居正的弟弟张居易、儿子张嗣修都被发配边疆永久充军。

是非功过谁评说

张居正是一个性格复杂、具有双重面孔的大臣。在教导万历皇帝时，他处处严格要求万历皇帝，要求万历皇帝像古代的尧、舜一样，做一个勤于政事、德惠天下、万民景仰的好皇帝，然而对于自己，他却放松了要求，在尽心竭力为国谋利的同时，也为自己谋取私利，做出了一些有悖为官之道的事情。比如，他独断专权，排斥异己；贪图享乐，兴建豪宅……

人无完人，作为一代名臣，张居正没有做到真正的自律，所以后人对他的评价也是褒贬不一、毁誉参半。

张居正虽然称不上是一个绝对的清官、好官，但他的历史功绩是值得世人认可并载入史册的。他在辅政期间推行的种种改革措施，取得了显著的效果，开创了万历初年的中兴局面，扭转了大明王朝江河日下的颓势。从这个角度来说，他是大明的功臣。《明神宗实录》对张居正辅政10年的成绩也给予了充分的肯定，称赞他"成君德，抑近幸，严考成，综名实，清邮传，核地亩，询经济之才也"。

明代文学家王世贞一向不满张居正专制揽权，但也对他有正面的评价："张居正主政时，以尊重皇帝的权威，要求官吏恪尽职守，赏罚严明，号令统一为主。一道政令发布后，万里之外，早晨收到，晚上就开始施行，如疾风迅雷，所向披靡。"

可惜人亡政息，张居正推行的新政在他死后便被全面否定，潦草收场；他所重用的一些文官武将也被罢免或放逐。万历皇帝亲政以后，刚开始还励精图治，可是在短暂的勤政后，从万历十四年（1586年）起，他就频繁以生病为由，不愿上朝听政，沉迷酒色，荒废政事长达30年，令明王朝元气大伤。

天启二年（1622年），当年因弹劾张居正而被打断腿的邹元标，看到朝廷吏治败坏、国运衰退，回想起张居正改革时国家生机勃勃的景象，主动提议为张居正平反。他说：

第七章 身后蒙羞，奇耻大辱

"张居正功在社稷，过在身家。"于是明熹宗恢复张居正的生前官职，为他举行祭葬礼仪，又将尚未变卖的张家房产一并发还。

崇祯十三年（1640年），大明王朝已经日薄西山。崇祯皇帝应张居正的曾孙张同敞之请，恢复了张居正的荣衔、谥号及其子孙的锦衣卫袭职，为张居正及其家人平反，还将其故宅改建为张文忠公祠，以勉励臣民、力挽狂澜，可惜为时已晚。明王朝在耀眼的暮光之后，一路走向衰亡。四年后，崇祯十七年（1644年）三月，李自成率领起义军攻陷北京，崇祯皇帝在煤山（今北京景山）自缢而死，明王朝也随之灭亡。

张居正苦心孤诣、殚精竭虑发起的"万历新政"，虽然使明王朝一度回光返照，呈现短暂的繁荣局面，但终究未能遏止明王朝衰退的步伐，无法挽救明王朝覆灭的命运。

是非自有公论，公道自在人心。张居正去世后虽然遭到了万历皇帝及憎恨他的政敌们的清算、辱骂，但他鞠躬尽瘁、为民请命、为国谋利的赤诚之心天地可鉴、日月可表。他主持的改革大业也取得了很大的成效，其成果是不容否定、不可抹杀的。

张居正身处明朝社会矛盾尖锐、国力衰弱、官吏腐败、百病丛生的黑暗年代，怀着一颗忧国忧民之心，凭借一腔热血，大胆革新，勇于变法，整顿吏治，振兴经济，力挽狂澜，使百弊丛生的明王朝得以续命近半个世纪。

杨 溥

杨溥（1372年—1446年），湖广石首（今湖北省石首市）人，明初名臣、诗人。建文二年（1400年）考中进士，永乐初年任太子洗马，侍奉太子朱高炽（后来的明仁宗）。永乐十二年（1414年），因汉王朱高煦诬陷，被逮捕入狱。狱中十年，他勤奋读书，将经书史籍通读数遍。明仁宗即位后他获释出狱，被授为翰林学士，后历任太常寺卿、礼部尚书、武英殿大学士、内阁首辅等职。

杨溥品行高尚，为人朴实正直，恭敬谨慎，在朝廷中口碑很好，深受时人的称赞。他在文学方面也取得了一定的成就，是"台阁体"（指明朝永乐至成化年间以台阁文臣杨溥、杨荣、杨士奇为代表的一种文学创作风格，多为歌功颂德、粉饰太平的应制之作，台阁是内阁与翰林院的合称）文学代表人物之一，曾参与编修《明太宗实录》《明宣宗实录》。

王世贞

王世贞（1526年—1590年），苏州府太仓州（今江苏省太仓市）人，明代著名文学家、史学家。自幼聪颖，读书过目不忘。嘉靖二十六年（1547年）考中进士，历任刑部员外郎、山西按察使、湖广按察使、广西右布政使、郧阳（今湖北省十堰市一带）巡抚、南京刑部尚书等职。他在任职期间抑制豪强，惩治污吏，捐款救灾，曾积极支持夏言、杨继盛等人与严嵩作斗争。

王世贞与李攀龙、吴国伦、梁有誉、宗臣、谢榛、徐中行合称"明代后七子"。李攀龙去世后，王世贞成为文坛的实际领袖，独领文坛长达20年。他对当时文坛中盛行的虚假抄袭、矫揉造作的不良文风给予了严厉的谴责,主张"文必秦汉,诗必盛唐",领导发起了一场文学复古运动,对当时及后世的文学创作产生了深刻的影响。

张居正生平简表

- 嘉靖四年（1525年）五月初五，出生于荆州府江陵县（今属湖北省荆州市），取名"张白圭"。

- 嘉靖十五年（1536年），12岁，参加童试，得到荆州知府李士翱的赏识，入荆州府学，并改名为"居正"。

- 嘉靖十六年（1537年），第一次参加乡试，因湖广巡抚顾璘阻挠而落榜，原因是顾璘认为他年纪尚小，须多加磨砺，以成大器。

- 嘉靖十九年（1540年），顺利通过第二次乡试，成为一名少年举人。

- 嘉靖二十三年（1544年），第一次参加礼部举行的会试，未中。

- 嘉靖二十六年（1547年），23岁，参加会试、殿试，中二甲第九名进士，授庶吉士，入翰林院。

- 嘉靖二十八年（1549年），以《论时政疏》指出宗室骄恣、庶官瘝旷、吏治因循、边备未修、财用大匮五大弊病，系统阐述自己改革政治的主张，但没有得到朝廷的重视。

- 嘉靖三十三年（1554年），因病请假三年，回到故乡江陵，游览了许多名胜古迹，但时刻不忘当世之务。

- 嘉靖三十六年（1557年），回翰林院供职，效仿老师徐阶的为人风格，"内抱不群，外欲浑迹，相机而动"。

- 嘉靖三十九年（1560年），升任右春坊右中允，兼国子监司业。

- 嘉靖四十三年（1564年），被调入裕王府，成为裕王朱载垕的侍讲侍读。

- 嘉靖四十五年（1566年），因嘉靖皇帝去世，与徐阶共同起草遗诏。

- 隆庆元年（1567年），升任礼部右侍郎，兼翰林院学士；二月，改任吏部左侍郎，兼东阁大学士，进入内阁，参与朝政；四月，升礼部尚书、武英殿大学士。

- 隆庆二年（1568年），加少保兼太子太保衔；八月，上《陈六事疏》，从省议论、振纪纲、重诏令、核名实、固邦本、饬武备六个方面提出了自己整顿朝政的政治主张。

- 隆庆四年（1570年），力促朝廷与蒙古俺答汗达成封贡开市之议。次年，朝廷封俺答汗为顺义王，并在沿边三镇开设马市。

- 隆庆六年（1572年），明穆宗驾崩，年仅10岁的万历皇帝继位。不久，张居正取代高拱成为内阁首辅。

- 万历元年（1573年）十一月，上疏实行"考成法"，明确职责，以六科控制六部，再以内阁控制六科。

- 万历二年（1574年），主持修纂《明穆宗实录》。

- 万历三年（1575年），恢复起居注制度。

- 万历五年（1577年），父亲张文明逝世，"夺情"留任。

- 万历六年（1578年），归乡葬父；以福建为试点，开始清丈田地。

- 万历八年（1580年），在全国范围内陆续展开清丈田亩工作，重绘鱼鳞图册，全国田地面积有大幅增加。

- 万历九年（1581年），在全国范围内推行"一条鞭法"，简化赋役的项目和征收手续，使赋役合一，出现了"摊丁入亩"的趋势。

◉ 万历十年（1582年）二月，上疏请求免除自隆庆元年（1567年）至万历七年（1579年）间各省积欠钱粮。

◉ 万历十年（1582年）六月二十日，病逝，享年58岁。